싸울게요,
안 죽었으니까

김진주 지음

싸울게요,
안 죽었으니까

부산 돌려차기 사건 피해자의
끝나지 않은 투쟁

글항아리

추천사

강력범죄피해자가 생존을 위해 고군분투하는 과정을 진솔하게 담아낸, 그래서 섬뜩하고 슬프고 우울할 것 같지만 오히려 읽는 이에게 깊은 감동과 위로를 전해주는 책! 고단한 과정에도 죄책감을 감사함으로, 공포감을 담대함으로, 분노를 변화에의 의지로, 그리고 좌절을 또 다른 기회로 바꿔나가는 저자의 지혜로움에 동시대를 살아가는 공동체 일원으로서 깊은 경의를 표한다.

김태경, 임상심리학자, 『용서하지 않을 권리』 저자

「그것이 알고 싶다」를 제작하며 수많은 피해자를 만났다. 방송에서는 그들의 비통한 모습을 주로 보여주지만 직접 만나보면 유쾌하고, 장난스럽고, 엉뚱한 면을 지닌 다양한 모습의 피해자가 존재한다. 이 책은 어쩌면 목숨까지 잃을 뻔했던 끔찍한 사건 피해자의 극복 과정을 유쾌하고 위트 있게 풀어내며 '피해자다움'에 대한 사회적 편견을 깨부수고 있다. 처음에는 코를 훌쩍이며 읽다가 생뚱맞게 튀어나오는 유머에 피식피식 웃음이 절로 난다. 특유의 유쾌하고 긍정적인 성격으로 길고 외로운 싸움을 잘 이겨낸 저자의 경험이 생생하게 녹아 있는 이 책은 '누구나 될 수 있는' 범죄피해자를 위한 친절한 생존 안내서가 될 거라 확신한다.

도준우, 「그것이 알고 싶다」 PD

저널리스트, 활동가로 일하다 보면 많은 피해자를 만난다. 'N번방' 사건을 겪고 학교를 그만둔 피해자, 인터뷰를 해달라고 먼저 요청한 피해자, 비슷한 피해를 본 이들과 만난 피해자, 겪은 일을 글로 쓴 피해자. 그들은 모두 다른 방식으로 살아내고 있다. 김진주는 싸우는 피해자다. 법정에서 본인의 피해를 증명하려 '보복범죄' 공포를 견디며 가해자를 마주했고, 수십 명의 기자와 국회의원 앞에서 범죄피해자가 감당해야 하는 우리 사회 문제를 알렸다. 그러자 그를 중심으로 다른 범죄피해자가 모였고, 서로를 도왔다. 이럴 수 있는 사람은 내 주위에 김진주뿐이다. '싸우는 피해자'의 다음 수식어가 기대된다. 부디 책이 20쇄 이상 찍히기를 바란다.

원은지, 추적단불꽃 활동가

프롤로그

"누구나 범죄피해자가 될 수 있다"는 말을 나는 귀 기울여 듣지 않았다. 시사 프로그램을 즐겨보던 나였지만 그런 순간조차도 그저 가해자를 비난하기에 바빴다. 어쩌면 범죄피해는 나와 상관없는 일일 거라며 애써 외면하고 싶었는지도 모른다. 그게 나의 일이 될 거라곤 꿈에도 몰랐다.

2022년 5월 22일, 새벽 5시경 엘리베이터를 기다리고 있던 나는 모르는 사람에게서 수차례 머리를 짓밟혔다. 극적으로 구조된 나는 뇌 손상으로 오른쪽 다리가 마비됐다. 누가 공격한 건지 알 수 없었기에 모든 사람이 나를 공격할 것만 같은 나날을 지내기도 했다. '부산 돌려차기 강간 살인미수 사건'을 잘 모른다면, 이게 무슨 상황인지 이해하기 어려울 수도 있다. 당사자인 나조차도 그랬으니까.

그나마 다행인 건, 6월 4일 기적적으로 다리의 마비가 풀렸다. 이날을 기점으로 모든 것이 바뀌었다. 마비가 풀리지 않았더라면 이 책은 존재하지 않았을 거다. 그래서 6월의 탄생석인 진주를 뜻하는 '김진주'라는 필명을 쓰게 됐다. 피해자는 피해만으로도 충분할 거라는 내 예상과는 달리, 감당하기 벅찰 만큼 수많은 굴곡이 찾아왔다. 죄 한 번 짓지 않은 내가 왜 이렇게도 많은 수모를 겪어야 하나 억울하기도 했다. 다시 돌아갈 수만 있다면 다시는 겪고 싶지 않은 일이다. 하지만 이는 대한민국에서 여전히 범죄피해자들이 겪는 현실이다.

1년 4개월이 지나고서야 형사 재판이 끝났다. 대법원의 선고를 받던 날 다들 내 소감을 물었다. 단 한 가지 생각밖에 들지 않았다. '피해자는 이제 시작'이라고. 마치 가해자의 형량이 나의 수명처럼 느껴졌다. 가해자가 반드시 보복할 것 같다는 생각이 들었기 때문이었다. 하지만 바꿀 수 없는 미래를 생각할수록 나는 더 힘들어졌다. 그래서 그 이후로는 현재 피해자들이 겪는 현실을 바꾸는 데 집중하려고 애썼다.

안타깝게도 이 세상에는 범죄피해를 당하지 않는 방법 따윈 없다. 그저 우리는 피해자이거나 예비 피해자일 뿐이다. 그러나 범죄피해를 잘 대응하는 방법은 여전히 있다고 생각한다. 바이러스를 막기 위해 백신을 만드는 것처럼, 이 책을 예방 주사처럼 여겨주면 좋겠다. 언젠가는 범죄피해자가 싸우지 않아도 되는 세상이 오길 바라며 범죄피해자에게 보내주신 관심의 손길에 진심으로 감사하다는 말을 전하고 싶다.

마지막으로 네가 부디 끝까지 이 책을 읽어주면 좋겠다.

차례

추천사	4
프롤로그	6

1장 나는 부산 돌려차기 사건 피해자다   11

내가 범죄피해자가 될 줄이야	13
안녕하세요, 현실입니다	31
세상에서 제일 안전한 법원	40
내 일이 아닌 우리의 일	50
판도라의 상자를 열다	59
인터뷰1: 트라우마와 싸우다, 최윤경	63

2장 제대로 된 심판   89

나는 피해자다	91
패자부활전	107
피해자가 바꾼 죄명	117
죽어야 산다	128
누가 피해망상이랬어	137
인터뷰2: 법과 싸우다, 오지원	141

3장 피해자와 피해자가 만나다 — 171

제2의 부산 돌려차기 사건 — 173
피해자 연대 — 178
거절을 참지 못하는 사회 — 184
말할 수 없는 자들을 대신하는 목소리 — 191
친구를 떠나보내다 — 198
범죄피해자를 위한 사회 — 201
범죄피해자 지원의 단계별 개선안 — 207

4장 피해자를 대표하는 프로불편러 — 211

법무부 장관과의 대화 — 213
참을 인 참을 인 참을 인 — 220
난 보복 편지 말고 회복 편지를 보낼래 — 223
에필로그 리포트: 미디어와 싸우다, 이유민 — 225

에필로그 — 243

1장

나는 부산 돌려차기 사건 피해자다

내가 범죄피해자가 될 줄이야

"안녕하세요, 저는 '부산 돌려차기 사건'의 피해자입니다." 직업도 이름도 아닌 나의 상처가 나를 대표하는 문장이 되어버렸다. 2022년의 나는 버스킹에 흠뻑 빠져 있었다. 그날도 어김없이 버스킹을 보고 있었다. 음악에 미쳐 살았던 나는 버스킹하는 동생의 유튜브를 1년 넘게 편집해 주고 있었는데, 한 구독자가 꼭 한번 밥을 사주고 싶다고 해서 제법 꾸미고 나간 날이었다.

약속을 기다리며 버스킹을 보고 있던 내게 누군가 수줍게 종이 가방을 건넸다. 오늘 만나기로 한 구독자분이었다. 흰 종이 가방 안에는 은은한 향의 향수와 함께 "덕분에 꽤 많이 행복합니다. 고맙습니다"라고 적힌 편지가 담겨 있었다. 나 덕분에 다시 행복을 찾게 됐다는 그 문장만큼 값진 건 없었다. 벅찬 나머지 흥겨운 음악이 흐르는 거리에서 나 혼자 주책맞게 한참을 울었다. 그렇게 약속을 시작하기도 전에 에너지가 모두 바닥나버렸다.

감정을 추스를 때쯤 버스킹이 끝났고, 그제야 우리는 약속 장소로 향했다. 한약을 먹고 있었던 터라 하이볼 두 잔으로 버텨야 했지만 그래도 괜찮았다. 무료했던 내 인생에서 그날의 모든 이야기는 술이 필요 없을 정도로 심장을 뜨겁게 만들었으니까.

그렇게 얼마나 떠들었을까. 시간이 야속할 만큼 금세 마무리해야 할 시간이 됐다. 새벽 4시 즈음, 약속이 끝났다. 데려다주겠다는 동생을 굳이 뿌리치고 씩씩하게 걸어갔다. 내일부터는 반드시 누군가를 행복하게 만드는 사람이 될 거라며 상쾌한 기분으로 오피스텔 로비에 들어섰다.

'어라……'

그런데 뭔가 이상했다. 너무나 낯선 천장, 익숙하지 않은 시큼한 공기가 가득했다. 분명 1층에서 엘리베이터를 기다리고 있었는데, 내 팔에는 링거가 꽂혀 있었고 머리가 뻐근했다. 드라마에서 볼 법한 흰 천장을 보아하니 여기는 병원이었다. 내가 눈을 뜬 걸 알아차린 언니는 다가와서 내가 누군가에게 맞았다고 알려줬다. 아무리 생각해보려고 해도 생각나질 않았다. 진짜 필름이 딱 그 순간만 잘린 것처럼 아무 기억도 없었다. 의식을 되찾자마자 의사는 곧바로 내 머리를 꿰매기 시작했고, 나는 어떤 설명도 듣지 못했다. 아니, 도대체 어떻게 맞으면 이렇게 머리에 피가 철철 나게 되는 건지, 이 상황을 도무지 이해할 수 없었다. 온몸은 멍투성이였고, 옷부터 응급실 시트까지 온통 피범벅이었다. 미라처럼 붕대를 감은 나는 언니에게 도대체 무슨 일이 있었던 거냐고 물었다.

오피스텔 1층에서 피범벅이던 나를 발견한 입주민이 경찰에 신고했다더라. 의식은 있었는데, 무슨 질문을 해도 내가 횡설수설했다고 한다. 직업이 뭐냐는 질문에 "버스킹이요"라고 할 정도였다니, 지금 생각해도 웃기다.

그럼 도대체 가족들은 어떻게 알고 온 걸까. 오피스텔 로비에 놓여 있던 휴대폰, 구급대원이 가족에게 연락하려고 내 휴대폰을 열어봤다고 한다. 그런데 아마 구급대원은 연락처를 보고 꽤 당황했을 것이다. 왜냐하면 부모님이 '오바마'와 '미셸 오바마'로 저장돼 있었으니까. 그나마 제일 멀쩡한 이름으로 저장돼 있던 할머니가 이 소식을 가장 먼저 전해 들었다고 했다. 사건 경위를 잘 알지 못했던 구급대원은 할머니에게 "손녀분이 교통사고를 당한 것 같다"라고 전했다. 교통사고인 줄 알고 놀라서 달려온 가족들은 경찰에서 "모르는 사람에게 폭행당한 것 같다"라는 더 황당한 이야기를 들었다.

머리를 꿰매고서 입원 수속을 시작했다. 서류를 작성하고 병원복으로 갈아입으려던 찰나, 나는 갑자기 풀썩 쓰러졌다. 응급실에 있던 사람들이 놀라서 하던 일을 멈추고 모두 나를 쳐다봤다. 처음엔 단지 힘이 빠져서 다리가 풀린 줄 알았는데, 아무리 세워도 걷지를 못했다. 언니는 서둘러 간호사에게 "동생이 걷지 못한다"라고 알렸다. 그러자 의사가 MRI를 찍어보자고 했다.

얼마나 시간이 흘렀을까. 의사는 내 다리로 이어지는 뇌 신경이 손상돼 다리가 마비됐다고 했다. 맙소사. 말 그대로 마른하늘에 날벼락이었다. 모르는 사람한테 머리를 맞고 장애를 얻다니. 내가 겪은 일이지만, 글로 쓰면서도 여전히 믿기지 않는다. 병원 복도에서 초조하게 기다리던 가족들은 이 소식을 전해 듣고 울음을 터뜨렸다고 했다.

병실로 옮겨진 뒤로는 줄곧 잠만 잤다. 그때의 기억을 스스로 지운 것인지, 사건과 관련된 기억은 그 이후로 하나도 남아 있지 않다. 드라마 「괜찮아, 사랑이야」에서 엄마가 겪던 해리성 기억상실증을 내가 겪다니, 말도 안 되는 일들이 연이어 벌어지는 것 같았다. 기억을 못 한다고 손해 볼 게 있겠는가. 오히려 끔찍한 기억으로부터 나 스스로를 보호한 것 같아서 대견하고 자랑스러웠다.

예전부터 「그것이 알고 싶다」 「알쓸범잡」 등 범죄 관련 프로그램을 즐겨 봤기에, 나는 이 사건이 이상동기 범죄(잘못된 표현이지만 '묻지 마 범죄')라는 걸 알 수 있었다. 어안이 벙벙했다. 뉴스로만 접하던 범죄피해자가 될 줄이야. 당황스러웠던 건 나뿐만이 아니었다. 피해자를 직접 만나본 사람은커녕, 피해자를 어떻게 대해야 하는지도 아는 사람이 아무도 없었다. 누구에게 물어봐야 할지, 어디서부터 말해야 할지 막막했다.

심지어 범인은 도주 중이었다. 이번엔 정말 죽을지도 모른다는 생각에 사로잡혀 병원 복도에조차 나가지 못했다. 모든 사람이 두려웠다. 범인이 남자인지 여자인지도 몰랐고, 이름조차 알 수 없었기 때문이다. 망할 놈의 개인정보. 범인이 도주 중이라면서 내 주변에는 어디에도 나를 지켜주는 경찰이 없었다. 그저 범인 검거에만 급급했던 걸까. 내 몸엔 멍이 가득했는데도 상처 사진조차 찍지 않았다고 했다. 나는 언니에게 상처 부위를 여러 각도로 찍어달라고 했다. 어쩌면 직감적으로 피해자는 스스로 살아남아야 한다는 걸 알고 있었던 걸지도 모른다. 도대체 왜 하필 나일까. 죄 한 번 짓지 않고 살아온 나인데, 세상이 너무 야속하게 느껴졌다.

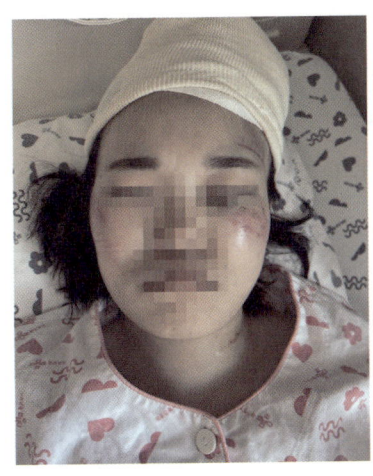 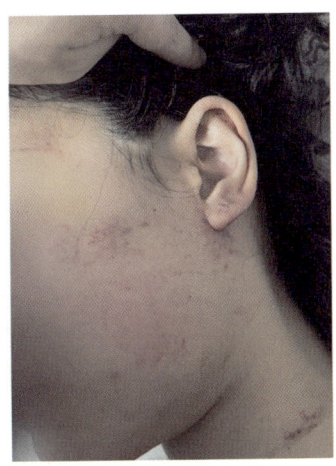

언니에게 부탁해서 찍은 사진

제대로 몸을 추스르기도 전에, 대체 이게 무슨 일이냐며 연락이 쏟아지기 시작했다. 그날 만났던 동생의 번호를 알아내기 위해 가족들이 지인들에게 전화를 돌렸기 때문이었다. 터진 머리는 신경 쓸 새도 없이 쏟아지는 연락에 답장하느라 정신이 없었다. 내가 모르는 사람에게 폭행당했다고 말하면 지인들은 그게 무슨 소리냐며 수차례 되물었다. 나는 "나도 잘 모른다"라고 대답할 수밖에 없었다. 정말 아무것도 아는 게 없었으니까. 일일이 설명하는 것도 슬슬 지쳐서 SNS에 '모르는 사람에게 폭행당했다'며 상처 사진을 올렸다. 다들 처음엔 그 글이 장난인 줄 알았다고 했다. 그렇게 나는 불행의 아이콘으로 자리 잡았다.

입원 때문에 약속도 취소하고 업무도 할 수 없게 되어버렸다. 나는 당시 재택근무를 하던 디자이너였는데, 당분간 사고로 업무가 어려울 것 같다고 하니 회사는 지금 당장 작업해줄 사람이 필요하다며 나를 해고했다. 사고를 당한 것도 억울한데, 엎친 데 덮친 격으로 직장까지 잃다니. 사회는 정말 시리도록 냉정하더라.

SNS에 글을 올린 지 얼마 되지 않아, 모르는 사람들에게서 수많은 다이렉트 메시지들이 오기 시작했다. 다들 똑같은 사진을 보내며 이 사람이 범인이라고 말했다. 힘들어 죽겠는데, 장난 같은 제보까지 받아야 하나 싶었다. 그래도 사진 속 남자를 확인해보긴 했다. 한 번도 본 적 없는 사람이었다. 이 사람과 한 번도 마주친 적이 없다는 걸 확신했다. 사건 기억은 없지만 그

나는 부산 돌려차기 사건 피해자다

인스타그램으로 받은 제보 메시지

날의 좋은 추억은 여전히 기억하고 있었으니까.

   그런데 무수히 쏟아지는 다이렉트 메시지 속에서 꽤 진지해 보이는 메시지가 눈에 띄었다. 자신은 범인의 도주를 도운 여자친구의 지인이고, 그 여자친구도 피해자라고 했다. 범인은 지금쯤 잡혔을 거라고도 말했다. 말도 안 되는 소리라고 생각했는데, 그 순간 '귀가하던 여성을 무차별 폭행한 30대 검거'라는 기사가 떴다. 이보다 더 소설 같을 수 있으려나. 말 같지도 않은 이 인생이 황당하다 못해 실소가 터져 나왔다. 그런데 가만히 생각해보니, 이걸 왜 뉴스 기사로 확인하고 있나 싶었다. 범인이 잡힌 뒤 한참이 지나도록 경찰에게서는 아무 연락도 오지 않았다. 나를 지켜주는 경찰은커녕, 범인이 잡혔다고 알려주는 사람조차 없다니. 이 사건에서 나는 필요하지 않은 존재 같았다. 현실은 드라마보다 더 각박했다.

범인이 검거된 와중에도 내 다리는 여전히 발가락 하나조차 꿈쩍이지 않았다. 그래서 화장실에 갈 때마저도 휠체어를 타고 보호자의 도움을 받아야만 했다. 첫 재활치료를 받으러 갔더니, 침대에 나를 눕히고 찍찍이로 고정한 뒤 침대를 세웠다. 전신마비 환자들이 쓰는 치료기기라고 했다. 서는 것조차 제대로 할 수 없다니. 앞으로의 내 미래는 어둠뿐일 것만 같았다. 재활치료를 받을 때마다 나는 매번 "선생님, 이거 깜짝 카메라죠?" 하고 물었다.

불안해서였을까. 통 잠을 잘 수가 없었다. 그런 내게 주치의는 정신건강의학과 진료를 권유했다. 드라마 「괜찮아, 사랑이야」를 좋아했던 사람이라 정신과에 대한 편견도 없었고, 반갑게 손을 흔들며 진료실에 들어갔다. "선생님, 저는 정신과에 대한 편견이 없어요. 거기 나오는 엄마가 해리성 기억상실 장애를 겪는데, 제가 그렇게 될 줄이야!" 평소에도 유쾌한 편이었지만, 처한 상황에 비해 지나치게 해맑았다. 나중에 정신건강의학과 박서희 선생님께 들은 말인데, 그 모습에 상태가 꽤 심각하다고 느끼셨다고 했다.

범인이 잡히자 병실에 형사가 찾아왔다. 기억이 없는 피해자가 무슨 말을 할 수 있었을까. 수많은 질문에 대답은 늘 같았다. 기억나지 않는다고 답했다. 그런데 형사가 "성범죄를 당한 것 같냐?"고 물었다. 나는 입원하자마자 생리를 시작했고, 아무 기억도 없었기 때문에 아닐 거라고 대답했다. 기억을 잃은 피해자에게 성범죄를 당한 것 같냐고 묻다니, 지금 생각하면 어이가 없다. 하지만 그때는 경찰이 알아서 잘해주겠거니 하고, 나는 재활치료에만 집중하려 애썼다.

그러던 어느 날, 또 다른 시련이 찾아왔다. 종종 휴게실에 머물던 나는 어떤 환자와 이야기를 나누게 됐다. 심심하던 참에 대화가 반가웠다. 그런데 대화가 끝나갈 즈음, 그는 자신이 신천지 소속이라고 밝히고는 자리를 떴다. 괜히 말을 텄나 싶었다. 이후로 그는 병실 문을 벌컥 열며 링거대를 끌고 들어오기도 했다. 안 그래도 낯선 사람이 무서웠던 나로서는 그 사람 발소리만 들어도 문을 잠그고 자는 척했다. 공황이 올 정도로 겁에 질린 나는, 처음으로 박서희 선생님 앞에서 펑펑 울었다. 재수가 없어도 이리 없나 싶을 만큼 나쁜 일만 일어나는 것 같았다. 선생님은 오히려 처음으로 감정이 터진 것 같다며 기뻐하셨다. 뭐가 좋다는 건지 그땐 이해하지 못했지만, 나도 사건 이후 처음으로 흘린 눈물이 신기했고, 조금은 개운하기도 했다. 그 이후로 나쁜 경험도 언젠가는 좋은 거름이 될 수 있겠다는 걸 어렴풋이 깨달았다.

아무 일도 일어나지 않는 병원생활이 지겨워질 무렵, 항문에서 피가 났다. 밥을 제대로 먹지 않아서 그런가, 아니면 약이 안 맞는 건가 싶었다. 갈수록 통증은 심해지고 출혈도 늘어나 간호사에게 얘기했다. 그런데 휴지에 묻은 피를 직접 찍어 보여줘야 진료 신청이 가능하다고 했다. 민망한 마음에 계속 미루다가, 휴지 한 칸이 흥건히 젖을 정도로 피가 닦여 결국 사진을 찍어 보여줬다. 항문외과 의사는 오래 입원하면 생길 수 있는 증상 중 하나라고 했다. 혹시 모를 성범죄 가능성에서 조금은 멀어진 것 같아 마음이 놓였다.

답답한 마음을 달래려 병실로 다시 돌아왔을 때, 잠깐 문을 열어두었더니 휴게실로 향하던 한 환자가 말을 걸어왔다. 무슨 일로 입원했냐, 집이 잘사냐며 1인실을 왜 이렇게 오래 쓰느냐고 물었다. 폭행당한 게 전혀 부끄럽지 않았기에 그냥 모르는 사람에게 맞았다고 했다. 그래야 더 묻지 않을 것 같았기 때문이다. 그런데 돌아온 말은 "그래도 심하게 안 맞았나 보네"였다. 한 달 넘게 안 빠지던 멍 자국이 조금 옅어지기도 했고, 발도 어느 정도는 움직였으니 그렇게 말했을 수도 있다. 그래도 난 전혀 안 괜찮은데, 왜 저렇게 쉽게 말하는 걸까 싶어 마음이 몹시 불편했다. 그래서 진료실에서 또 펑펑 울었다. 태생이 울보인 내가 드디어 다시 돌아왔구나 싶었다.

멍이 완전히 사라지고 나니, 겉보기엔 나이롱환자처럼 보였다. 그런 내 모습을 본 병동 사람들은 나에 대해 많이 궁금해하는 눈치였다. 전혀 부끄럽지 않았기에 이런저런 얘기를 들려줬더니, 다들 내 사건이 흥미로운 소재라도 되는 것처럼 내가 없는 곳에서도 떠들어댔다. 심지어 내가 얘기한 적도 없는 말들이 사실이 되고 있었다. 그 이후로 나는 다시 병실 문을 굳게 닫고 지냈다. 퇴원해서 사건의 진상을 알게 되면 내가 직접 소문을 크게 내겠다고 다짐했다. 두고 보라고.

재활운동을 마치면 늘 물리치료를 받았는데, 그때 한창 방영 중이던 드라마가 「이상한 변호사 우영우」였다. 나한테도 저런 변호사가 있었으면 좋겠다고 생각했다. 나는 언제쯤 국선변호사 연락이 올까 궁금했지만, 검색해보니 내게 그런 변호사는 없었다. 가해자에겐 국선변호사가 붙지만, 피해자에겐 성범죄가 아닌 이상 국선변호사가 지원되지 않는다고 했다. 이래저래, 하나하나가 버거운 위치라는 걸 다시 실감했다.

어디서도 환영받지 못하던 내가 기댈 수 있었던 건 언론밖에 없었다. 그래서 수시로 '서면' '무차별 폭행'과 관련된 뉴스를 검색하곤 했다. 드디어 새로운 기사가 올라왔다. "귀가하던 여성 무차별 폭행한 30대 남성 '기분 나쁘게 째려봐서 그랬다'"라는 제목이었다. 너무 당황스러웠다. 기분 나쁘게 째려봐서라니. 그 어두운 새벽에 거구의 남성을 째려보거나 시비를 걸 만큼 내 간이 크진 않다. 게다가 난 낯선 사람에게 딱히 관심을 두지 않는 성격이라, 길을 걸을 때 누굴 쳐다보는 일도 없었다. 아무리 그렇다고 해도, 도대체 얼마나 기분 나쁘게 봤다고 그렇게까지 두들겨 팼단 말인가. 말도 안 된다고 생각했지만, 내가 기억하지 못하는 그 거리에서 무슨 일이 있었는지를 알 수 없어 답답하기만 했다.

기사를 계속 새로고침하며 댓글들을 확인했다. 평소엔 댓글을 잘 보지 않지만, 당사자가 되고 보니 어쩔 수 없었다. 혹시나 댓글 속에 제보가 있을지도 모른다는 생각에 하나도 빠짐없이 정독하려고 노력했다. 그러나 기사에는 나를 탓하는 댓글이 가득했다. "그러게 왜 새벽에 돌아다니냐" "맞을 짓 했겠지" "안 봐도 뻔하다" "페미인가 보다" 같은 말들이 이어졌다. 댓글에서 나는 세상에서 제일 나쁜 사람이 되어 있었다. 피해를 입고도 다시 상처받아야 하는 현실이 너무 억울했다. 그렇게 나는 이름도 얼굴도 모를 네티즌들에게 한 번 더 머리를 맞았다.

그런데도 경찰에게선 여전히 아무 연락이 오지 않았다. 기사를 수백 번 새로고침하고 나서야 경찰이 다시 병원을 찾았다. 현장 CCTV를 보여주겠다고 했지만, 영상이 너무 잔인해 보호자가 대신 보는 게 좋겠다고 했다. 도대체 얼마나 끔찍하길래 보호자가 보는 게 낫다는 건지 궁금했다. 복도에서 영상을 보고 온 언니는 꽤 패닉 상태였다. 영상이 어땠냐고 묻자, 내가 뒤에서 맞고 계속 짓밟히는 장면이 나왔다고 했다. 얼마나 밟혔으면 사람이 마비가 됐을까 싶었지만, 그 이상은 알고 싶지 않았다.

나에게는 이미 이 피해 하나만으로도 충분히 벅찼으니까.

그 후에야 범죄피해자 전담 경찰관이 배정됐다. 모든 게 낯설고 모르는 것투성이인 세계였다. 전담 경찰관은 내게 "성격이 밝아서 정말 다행"이라고 말했다. 그때 처음으로 피해자가 밝은 게 이상하다는 걸 알게 되었다.

얼마 지나지 않아 병원 로비에서 심리평가 요원이 찾아왔다. 심리 검사지를 건네주며, 내가 요즘 어떻게 지내고 있는지 피해 진술서를 작성해 달라고 요청했다. 피해만으로도 충분히 힘든데, 그 이후로도 해야 할 일이 많았다. 그래도 피해자로서 처음 받은 과제였기에, 이것만이라도 제대로 작성해서 내가 존재하고 있다는 걸 알리고 싶었다. 늦은 저녁, 병원 복도에서 진술서를 빈틈없이 채웠다. 내 인생에 진술서를 쓰는 날이 올 줄은 꿈에도 몰랐지만, 참 기구한 인생이라고 생각했다. 진술서 마지막에는 "가해자는 일면식도 없는 저를 제 몸이 마비될 만큼 짓밟았습니다. 다시 마주친다면 저는 정말 죽을지도 모릅니다. 제발 엄벌을 내려주세요"라고 썼다.

그사이 담당 형사도 다시 찾아왔다. 여전히 다리가 움직이지 않느냐고 물었다. 2주가 넘도록, 발가락 하나도 꿈쩍이지 않았다. 조금만 더 지켜보자던 주치의 선생님도 이제는 장애를 확진해야 할 것 같다고 말했다. 너무도 당연하게 걸으며 살아온 지난 세월 동안, 그 소중함을 전혀 느끼지 못한 채 살아왔던 내가, 이제는 발가락 하나를 어떻게 움직이는지도 알지 못한다는 사

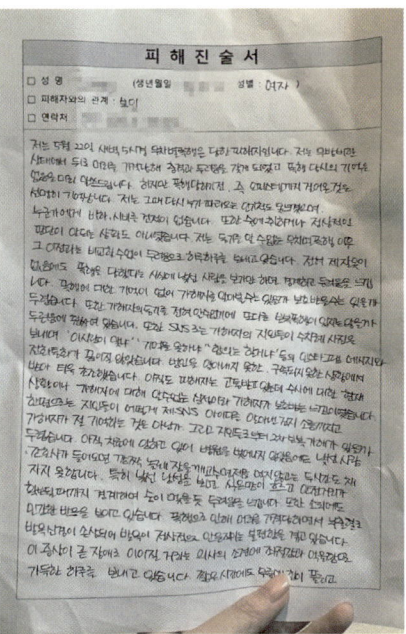

경찰서에 제출한 첫 피해진술서(1)

실이 너무 한심하게 느껴졌다. 가족들은 마치 내가 죽기라도 한 듯 슬퍼했다. 모르는 사람에게 폭행당한 것도 억울한데, 그 일로 장애를 얻다니. 앞으로 펼쳐질 미래가 눈앞에 훤히 그려지니, 그 복잡한 감정을 애써 내 앞에서 숨기려는 가족들의 표정이 오히려 더 고통스러웠다. 서울에 있던 내 솔메이트는 소식을 듣자마자 부산으로 달려와 꽃을 선물해줬다. 그 선물 덕분인지 나는 내 장애를 훨씬 무덤덤하게 받아들였다.

그런데 뜻밖의 기적이 일어났다. 2022년 6월 4일, 발가락이

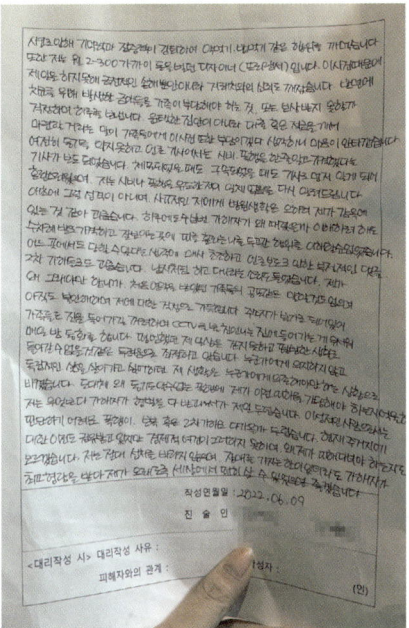

경찰서에 제출한 첫 피해진술서(2)

꿈틀거렸다. 고작 발가락 하나였지만, 너무 신기해서 일어나자마자 동영상을 찍었다. 지인들에게 보내며 발가락이 움직인다는 걸 알렸다. 초진을 왔던 의사 선생님도 직접 확인하고는 "진짜 기적이다!"라고 감탄하며 고개를 절레절레 저었다. 의학적으로는 설명되지 않는 일이라고 했다.

잠깐의 설렘도 잠시, 내 안엔 새로운 불안이 생겨났다. 혹시 내가 기적적으로 회복했다는 이유로 범인의 형량이 줄어들면 어떡하지? 너무 억울했다. 그 사람이 뭘 도왔다고 형량이 줄어들 수 있다는 건가? 그 걱정에 사로잡히다 보니 재활에도 집중하기 어려웠다. 그때 병문안을 와주신 엄마의 지인분은 우스갯소리로 엄마가 봉사를 많이 하고 베풀어 왔던 덕에 내 발이 돌아온 거라고 했다. 실없는 이야기였지만 피식 웃음이 나왔고, 그 걱정에서 가까스로 빠져나올 수 있었다.

상태가 조금 호전되자, 할머니에게 병문안을 와도 된다고 알렸다. 그날 바로 할머니는 내가 좋아하는 사과를 집에서 손수 깎아 정성스레 비닐에 싸서 오셨다. 할머니에겐 자세한 이야기를 하지 않았기에, 그저 걷지 못하는 손녀를 근심 가득한 얼굴로 바라보았다. 나는 발가락을 꼼지락대며 더 좋아질 거라고 해맑게 웃어댔다. 잠시나마 웃음을 보이던 할머니는 나를 보며 어렵게 말을 이어갔다.

"성폭행당하거나 그런 건 아니지?"

왜 그런 질문을 하냐고 되묻자, 그런 일 당하면 시집 못 갈까 봐 걱정됐다고 했다. 나는 그런 일은 없었다며 손사래를 치며 웃었다. 나도 사건에 대해 아는 게 없었지만, 그저 한 명이라도 덜 걱정시키고 싶었던 것 같다.

그 이후로는 친구들도 하나둘씩 찾아오기 시작했다. 친구들을 병원 로비나 편의점에서 만나야 했다. 여전히 거동이 어려웠던 터라 친구들을 만나려면 언니가 휠체어를 끌어줘야 했다. 그렇게 하루도 빠지지 않고 친구들이 찾아오니 언니가 투덜거리기 시작했다. 그도 그럴 것이 친구들의 질문은 항상 같았고, 내 대답도 항상 비슷했기 때문이다. "무슨 일이야?"부터 시작해서 "지금은 괜찮아?"까지, 모두 똑같은 걸 물으니 차라리 대답을 녹음해 틀어놓고 싶을 정도였다.

다만 나를 대하는 반응은 제각각이었다. 아무렇지 않게 얘기하는 내 모습을 이상하게 여기는 친구도 있었고, 그나마 이렇게 밝게 지내니 다행이라는 사람도 있었다. 기억을 잃은 게 또다시 다행이라고 생각한 순간이었다.

발가락이 움직이고 나서는 재활운동의 강도가 더 높아졌다. 운동을 싫어하는 나는 오직 살아남기 위해서 재활을 해야 했다. 재활하고 있을 때면, 마비가 풀린 나를 보며 부러워하는 환자들도 많았다. 우리 병동에는 뇌 신경계 중증 환자들이 많았기 때문이다. 인간은 끊임없이 비교하는 존재라더니, 그런 분들을 생각하면 내가 힘든 티를 내서는 안 되겠다고 다짐하곤 했다.

발을 단단히 고정한 채 사이클을 타는 재활운동을 시작했는데, 고작 무게 추를 1로 설정했음에도 다리가 후들거렸다. 연약해진 나 자신이 싫었다. 휠체어나 링거대가 없으면 여전히 걷지도 못했으니 말이다. 그래서 틈만 나면 고무 밴드로 발목 운동을 하고, 링거대에 의지해 병원 9층을 누비며 병원 관계자들과 수다를 떨기도 했다.

꾸준한 재활운동 덕분에 발목의 신경이 서서히 돌아왔다. 여전히 우스꽝스럽게 걷긴 했지만, 그것조차도 기적이라 여겼다. 슬슬 걷는 연습도 시작됐다. 걸음마를 다시 배우게 될 줄이야.

살아오며 '어떤 발부터 내딛을까'를 고민해본 적이 없었다. 발뒤꿈치가 먼저 닿고, 그다음에 앞꿈치가 닿아야 한다고 했다. 걷는 일이 이렇게 어려운 거였나? 평생 밟아온 바닥이 새삼 낯설게만 느껴졌다. 걸음마를 배우는 내 상황이 참 어이없기도 했다. '왜 나는 아무 잘못도 안 했는데 스물일곱 살에 걸음마를 다시 배우고 있지?'

그래도 이게 어디냐며 마음을 다잡았다.

언니는 내가 걷는 모습을 확인한 뒤, 다시 일을 나가기 시작했다. 그렇게 나는 처음으로 병실에 혼자 남겨졌다. MBTI를 검사하면 늘 ENFP가 나오는 내가, 두 달간 새하얀 병실에 갇혀 있어야 한다는 건 정말이지 너무나도 힘든 일이었다. SNS에는 즐거운 일만 가득해 보이는데, 이유도 알지 못한 채 병원에 갇혀 있는 내가 너무 불쌍하게 느껴졌다. 박서희 선생님은 그런 고민을 들으시더니, 원래 다들 SNS에는 좋은 것들만 올린다며 나를 다독여주셨다. 그래, 우리가 보는 것보다 더 많은 이야기가 사진 뒤에 있을 테고, 좋지 않은 건 굳이 올릴 리 없으니 부러워하지 않아도 된다고 생각하게 됐다.

SNS를 줄이니 1인실 생활은 더욱더 무료해졌다. 밥 먹고, 약 먹고, 재활운동을 하는 게 전부였다. 그래서 간호조무사분들과 매일 수다를 떨었다. 조용히 있으면 정말 미쳐버릴 것 같았다. 바쁘게 일할 때는 적당히 아파서 입원해보고 싶다며 노래를 불렀는데, 다신 입원 따위 하고 싶지 않을 정도가 되어버렸다. 언제까지 이 생활을 해야 하는지 알 수 없으니 막막하고 답답했다. 바깥 공기도 쐬고 싶고, 노래방도 가고 싶었다. 그나마 내가 할 수 있던 건, 병문안을 온 지인의 차에 들어가 블루투스 마이크로 노래를 부르는 것이었다. 연차를 다 써버린 언니는 퇴근 시간만 되면 매번 나에게 영상통화를 걸었다. 무섭다며 집에 혼자 못 가겠다고 했다. 그쯤에서 다시 사건 CCTV 영상이 궁금해졌다. 도대체 어떻게 맞았길래 그 영상을 보고 그렇게 겁에 질린 걸까 싶어서.

입원한 지 한 달이 지나도록 이상하리만큼 나는 우울하지 않았다. 아니, 어쩌면 우울했을지도 모르지만. 멍 자국만 없었다면, 아무도 나를 폭행 사건의 피해자라고는 생각하지 못했을 만큼 밝게 지냈으니까. 그렇게 백지처럼, 아무 색도 없이 지냈다.

안녕하세요, 현실입니다

또 다른 시련이 찾아왔다. 알고 보니 사건 당일 응급실에서만 200만 원이 넘게 나왔고, 중간 정산을 했더니 병원비는 1000만 원을 넘어가고 있었다. 어떤 부모가 자기 자식이 모르는 사람에게 폭행당할 거라고 상상이나 하겠는가. 게다가 그 치료비가 1000만 원을 훌쩍 넘는다니. 그런 돈은 우리 가족 수중에 없었다. 제대로 지원해 주지 못한다는 무력감에 가족들은 더 힘들어

했다.

며칠 동안 병원비를 고민해본다던 아빠는 병원 편의점으로 찾아와 적금을 깨야 할 것 같다며 어차피 해지하려고 했었다며 멋쩍게 웃었다. 그때 처음으로 괜히 살았나 싶었다. 내가 죽었어야 가해자의 죄도 바로 인정됐을 테고, 우리 가족이 이만큼 아파하지 않았을지도 모른다고. 도대체 이 상황에서 가해자는 왜 나타나질 않는 건지 궁금했다. 담당 형사에게 물어봐도 피해자와 연락해보고 싶단 얘기는 없다고 말했다.

힘들어하는 가족들을 지켜보는 게 너무나도 힘들었다. 그때부터 슬슬 분노가 차오르기 시작했다. 단순히 범죄라는 게 피해자와 가해자의 일이 아니라, 피해자의 가족과 주변 사람들까지 모조리 곪아버리게 하는 사회악이라는 걸 깨달았다. 실제로 내 지인들은 하나같이 이제 거리를 걸을 때면 뒤돌아보는 습관이 생겼다고 할 정도니 말이다.

이와 관련해서 범죄피해 전담 경찰관에게 물어봤더니, 병원비는 우리가 먼저 지불한 뒤 추후 구조금을 신청할 수 있는 구조라고 말했다. 진짜 개털도 없는데 왜 바로 지원해줄 수 없는 건지 답답했다. 일단 병원비가 1000만 원 넘게 나온 이유는 전부 비급여로 계산되어 있으니 이것 먼저 바꾸라고 했다. 국민건강보험공단에 전화했더니 내게 폭행의 과실이 없다는 게 확인되어야만 급여로 바뀔 수 있다고 말했다. 그것도 피해자가 직접 급여 제한 여부 조회를 신청해야만 가능하다니. 직접 피해를 증명하라는 꼴이었다. 고객센터와 몇 차례 통화를 나누고 나서야 병원비는 급여 처리되어 조금 줄어들었다. 추후 급여 처리된 부분은 가해자에게 구상권 청구가 된다고 해서 그나마 마음이 편해졌다.

무료한 일상을 견디기 위해 종일 휴대폰을 붙들고 살았다. 나는 좋아하는 영화나 드라마는 몇 번이고 다시 보는 편이라 「술꾼도시여자들」을 병실에서 또 보고 있었다. 그런데 분명 봤던 장면인데, 여자를 따라가던 웬 남자가 집으로 들어와 폭행하는 에피소드를 보자마자 놀라서 휴대폰을 떨어뜨렸다. 전에는 아무 생각 없이 봤던 작품들에 난폭한 장면이 꽤 많다는 걸 알게 됐다. 그때부턴 오로지 동물 유튜브 채널만 틀어놓고 밥을 먹었다. 동물들은 죄를 짓지도, 난폭하지도 않아서 보기 편했다.

이제 드라마도 못 보는 내가 과연 거리를 다시 걸을 수는 있을까 궁금했다. 내게 허락된 길이라곤 고작 병원 1층 로비 앞이 전부였다. 내가 이 병원생활을 끝낼 수 있을지, 아무 생각 없이 걷게 되는 날이 오기나 할지……. 창문 밖 산투성이인 이 병실을 벗어나고 싶었다. 평생 부산에서 살면서 바다가 그리운 건 이번이 처음이었다.

병원이 집처럼 느껴질 무렵, 간절히 바라던 퇴원 일이 정해졌다. 외래를 꾸준히 온다는 조건으로 퇴원하게 된 것이다. 나는 영화 「쇼생크 탈출」의 앤디처럼 두 팔을 벌리며 소리 질렀다. 드디어 탈출했다. 퇴원한 날, 옷을 잔뜩 사고 맛있는 것도 잔뜩

먹었다. 새삼스레 내 방 침대도 너무 푹신했고, 좋아하는 잠옷을 입고 잘 수 있다니 행복했다. 하지만 그 기분은 하루를 채 넘기지 못했다.

이튿날 아침이 되자마자 '이제 정말 어쩌지'라는 생각에 사로잡혔다. 두 달 동안 치료에 전념하고 보니 프리랜서 디자이너였던 나를 찾는 이는 아무도 없었다. 도대체 앞으로 어떻게 살아가야 할까, 막막했다. 점점 작아지는 내가 싫었다. 하루하루가 너무도 느리게 흘러갔다. 재판은 언제 시작할지도 모르겠고, 그보다 내 텅 빈 통장과 신용카드값이 더 걱정이었다.

이 정도로 재수가 없었으면 로또라도 당첨될 법도 한데, 1등은커녕 5000원도 당첨되지 않더라. 그때 문득 '범죄피해자 구조금'이 생각났다. 분명 범죄피해자 전담 경찰관이 신청해 놨다고 했으니, 이쯤이면 슬슬 연락이 올 때도 됐다고 생각했는데 도통 연락이 오질 않았다. 답답해서 검찰청 피해자 지원 부서에 문의했더니, 신청되어 있기는커녕 나중에 피해자가 면담 일정을 잡고 신청서를 접수한 뒤 직접 방문해야 신청이 완료된다고 했다.

면담 일정을 잡기 위해서는 다음 달에 연락하라고 했고, 필요한 서류들은 문자로 보내줄 테니 면담일까지 준비해 오라고 했다. 가져오라는 서류가 진짜 더럽게 많았다. 중상해 구조금을 받으려면 일단 전치 9주 이상이어야 했고, 소견서에는 검찰에서 지정한 등급이 언급돼야 했다. 몇 번이나 재차 병원을 찾아가

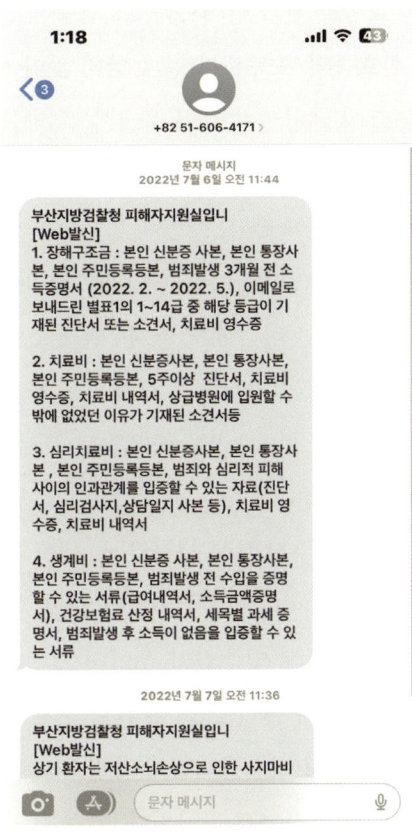

검찰청 중상해 피해 구조금 구비 서류

주치의에게 해당 서류를 받아와야 했다. 신청하기도 전에 숨이 넘어갈 것 같았다. '도대체 다른 피해자들은 어떻게 이걸 다 한 거래?'

어차피 다음 달까지 신청도 못 하니, 먹고사는 걱정을 미뤄

두고 일상의 무료함을 잔뜩 만끽했다. 그 와중에도 내 걸음마는 참 엉성했다. 신호등의 초록불이 얼마 남지 않아 뛸 때는 더 우스꽝스러웠다. 그래도 병실이 아닌 곳에서 걸을 수 있다는 것만으로 행복했다. 비 오는 날엔 모든 감각이 예민해졌다. 넘어질까 봐 바닥만 보며 걸어야 했다. 이번에 넘어지면 정말 큰일이니까. 5분이면 갈 거리가 족히 10분은 넘게 걸렸다. 그래도 카페도 가고, 그토록 원했던 바다에도 갔다. 원래도 즉흥적인 편이지만, 이번엔 즉흥의 끝을 달렸다. 갑자기 죽을지도 모른다는 생각에 돈도 아낌없이 썼다. 내일 죽을지도 모르니까. 이미 한 번 기적적으로 살아남은 거니까.

그러다 문득 신고해주신 분이 생각나서, 사건 현장 근처에 있던 소방서로 찾아갔다. 사건 당시 출혈이 너무 심했고, 구석진 데 방치돼 있었기 때문에 입주민이 우연히 발견하지 않았더라면 나는 이 세상 사람이 아니었을 것이다. 근처 소방서 사무실로 가서 "5월 22일에 일어난 강력범죄 사건의 피해자인데, 신고자에게 사례라도 하고 싶어서 찾아왔다"라고 사정을 얘기했다. 소방서에서는 여기가 아니라 다른 119센터에서 출동했다고 했다. 그 센터를 찾아가 다시 부탁드리자, 개인정보 문제로 관할 경찰서에 먼저 물어보는 게 나을 거라고 알려주셨다. 결국 담당 형사에게 감사 인사를 전하고 싶다고 하자, 신고자의 의사를 먼저 물어본 뒤 연락을 주겠다고 했다. 하지만 신고자는 끝내 사양했다고 전해 들었다. 살려주신 이 은혜, 헛되이 하지 않기 위해 남은 인생을 정성껏 살기로 마음먹었다.

나는 사건 이후로도 여전히 버스킹 보는 걸 참 좋아했다. 영화 「타짜」에서 예림 역할의 대사처럼 버스킹은 내 수족냉증도 치료할 만큼 나를 뜨겁게 만들었기 때문이다. 하지만 버스킹은 대부분 저녁에 하다 보니, 집에 들어갈 때마다 사건이 생각나서 불안했다. 그나마 친한 지인들이 집에 데려다줄 때만 겨우 볼 수 있었다. 내가 아는 거의 모든 사람이 내 귀가를 도와줘야 하다 보니, 마치 아무것도 못 하는 어린아이가 된 것 같았다. 심지어 나보다 더 가녀린 동생이 데려다줄 땐 누가 누굴 보호하겠다는 건지 웃길 정도였다.

정말 고맙긴 했지만, 언제까지고 이럴 수도 없을뿐더러 집에는 혼자 들어갈 수 있어야 하지 않겠나 싶었다. 그런 걱정들이 쌓여서였는지, 하루는 버스킹을 듣는데 내 심장이 더 이상 두근거리지 않는 걸 알아차렸다. 너무 슬펐다. 더 이상 음악에 심장이 뛰지 않는다니. 집에 가는 내내 펑펑 울었다. 전형적인 우울 증상이었던 것 같다.

그때부턴 집에서 내리 잠만 잤다. 뭘 하더라도 집에만 있고 싶었다. 어느 순간부터 거실에조차 나가기 싫어지면서 침대용 이동식 책상을 사기도 했다. 그래도 어쩔 수 없이 나가야 하는 날엔 CCTV가 없는 곳은 최대한 피하고, 사고를 당하면 구조 요청을 할 수 없는 곳은 아예 가지 않았다. 그러니 분리수거를 하는 것도, 음식물 쓰레기를 버리는 것도 무서워서 다른 사람과 함께 가야만 했다. 내 현실은 비루하기 짝이 없었다.

슬슬 첫 재판이 다가올 텐데 너무 떨렸다. 도대체 난 그 사람에게 무슨 잘못을 했길래 이런 일을 당한 걸까? 짐작 가는 건 하나도 없었다. 거의 망상에 빠질 정도로, 지인들을 제외한 모든 사람이 다 나빠 보였다. 기사에는 이런 댓글도 있었다. "누가 해코지하려고 청부 맡겼나 보다." 나 그렇게 나쁘게 살지 않았는데, 아무리 생각해봐도 다른 답은 나오질 않았다.

가해자의 형량은 어떨지 검색해보니, 죄다 가해자를 위한 홍보글로 가득 차 있었다. 재판에서 피해자는 존재하지 않는다는 듯, 낮은 형량을 받게 해준다는 글은 나를 숨 막히게 만들었다. 가해자와 달리 피해자가 할 수 있는 건 없어 보였다. 물론 돈도 없었지만, 변호사를 구할 의지조차 사라져갔다.

시간이 꽤 지난 것 같은데, 아무 소식도 들려오질 않았다. 그래서 사건은 어떻게 진행되고 있는지 직접 찾아보기로 했다. 검찰 단계의 사건은 형사사법포털 KICS에 사건번호를 입력하면 진행 상황을 알 수 있다고 했다. 시키는 대로 공인인증서까지 다 입력했더니, 권한이 없다는 알림창이 떴다. 내가 피해자인데 권한이 없다니. 나는 가해자의 이름조차 제대로 알지 못했다. 어떤 형상도 보이지 않는 범인이 무서웠고, 혹시 보복하려는 배후가 있을까봐 집에 갈 때도 항상 뛰어다녔다.

나는 도대체 누구한테, 어떤 잘못을 한 걸까. 내가 납득할 만한 이유를 찾고 빨리 벗어나고 싶었다. 법원으로 사건이 넘어가면 검색 사이트가 따로 있다는 말을 듣고 대한민국 법원 사이트에 들어가 봤다. 그런데 사건번호 검색을 하려고 봤더니 피고인 이름을 쓰라는 거다. 개인정보라고 안 가르쳐줬으면서, 피해자는 그럼 재판 검색도 못 하는 건가. 하나부터 열까지, 고구마를 먹은 듯 얹힌 느낌이었다.

그때 마침 공판이 결정되었다는 문자와 함께 피고인의 이름을 알 수 있었다. 그제야 내 사건을 확인할 수 있게 됐는데, 이게 웬걸, 해당 사건은 살인미수로 되어 있었다. 그때 처음으로 일이 제대로 흘러가고 있다는 생각이 들었다. '그래, 내가 봐도 이건 살인미수였는데!'

통쾌함도 잠시였다. 바로 밑에 가해자가 반성문을 제출했다고 적혀 있었기 때문이다. 아니, 쟤는 누구한테 반성한다는 거야? 처음으로 가해자에게 진심으로 화가 났다. 반성문 같은 게 있는 줄도 몰랐다. 도대체 뭐라고 적어놨을까 궁금해졌다. 그래도 반성문을 쓸 정도면 자기가 뭔가 잘못은 했다고 생각하겠지 싶었다.

재판도 직접 보러 가고 싶었다. 가해자가 누군지, 어떤 모습을 하고 있는지 두 눈으로 보고 싶었다. 만약 내가 재판에 가면 어떨까, 넌지시 지인들한테 물어봤더니 정말 모든 사람이 말렸다. 제발 가지 말라고. 주치의 선생님도 트라우마가 될 수 있으니 가지 말라고 했다. 언니도 자기가 보고 와서 그대로 전해줄 테니 가지 말라고 했다.

휴, 다른 사람들이 말려줘서 다행이다 싶었다. 사람들이 하도 가지 말래서 안 가는 거라며, 무서워하는 나 스스로를 애써 숨겼다.

세상에서 제일 안전한 법원

2022년 7월 19일, 첫 재판 날이었다. 너무 긴장한 나머지 이른 새벽부터 눈이 떠졌다. 도대체 누가 날 이렇게 처참하게 만든 걸까. 생각이 꼬리에 꼬리를 물고 이어졌다. 혹시나 법원에 갔는데 모르는 사람이 내게 보복하면 어떻게 하지? 방검복을 구하고 싶은 마음이 굴뚝같았다. 검색해보니 방검복은 너무 비쌌고, 여자가 입을 만한 사이즈의 방검복은 있지도 않았다. 내가 죄지은 것도 아닌데 도리어 겁에 질려 있었다. 가해자는 떨고 있을까? 죄 한 번 짓지 않고 산 내가 떨고 있는 이 상황이 몹시 아이러니했다. 내 마음과는 달리, 날씨는 무척 화창했다. 27년을 살면서 평생 법원 한 번 와본 적 없던 내가 법원 주차장에 서 있으니 기분이 참 묘했다.

계획대로 나는 차 안에서 기다리기로 하고, 언니는 다녀오겠다며 인사하려던 찰나에 아빠에게 전화가 왔다. 친한 지인이 경찰인데 중상해 사건은 2~3년 형밖에 안 나온다고 했다. 혹시라도 내가 재판을 보러 갈까봐 걱정되어 전화를 건 모양이었다.

하지만 그 말을 듣자마자, 오히려 더 가야겠다는 생각이 들었다. 만약 그 사람이 짧은 징역을 살고 다시 내 눈앞에 나타났는데도 내가 못 알아보고 또 가해를 당하면, 너무 억울할 것 같았다. 그거야말로 끔찍했다.

설마 판사가 앞에 있는데 가해자가 날 죽이기라도 하겠나 싶어, 한 번쯤은 보러 가야겠다고 마음먹었다. 지금 생각해보면 정말 말 안 듣는 딸이다. 내가 법정에 들어간다고 하니, 휠체어라도 끌고 가야 하는 거 아니냐는 우스갯소리도 들었다. 하지만 나는 내 진술의 신빙성을 없애는 행동은 아무것도 하고 싶지 않았다. 이 재판에서 피해자가 필요 없을지라도, 지금의 나는 최대한 정직하게 보이고 싶었다.

법원에 들어가는 사람마다 다 어두운 표정인 걸 보니, 나도 덩달아 기운이 빠졌다. 법원에서만큼은 다치진 않겠다는 생각이 들어 마음이 조금은 편안해졌다. 그저 조용히 가서 피해자인 티 내지 말고 보고 와야겠다고 다짐했다.

뚱뚱한 발목 보호대 때문에 발을 절뚝이며 법정에 들어갔다. 드라마에서나 보던 법정이었다. 꽤 컸다. 이 많은 자리 중 어디에 앉아야 할지 고민하고 있는데, 경위가 나를 가로막았다. 법정 안에서 모자를 쓰면 안 된다고 제지한 것이다. 그래서 사정을 얘기하며, 어떻게든 쓸 수는 없는지 물었다.

"제가 2022고합282 피해자인데요. 너무 무서워서 그런데 모자만이라도 쓰고 있으면 안 될까요?"

그랬더니 경위는 그럼 나더러 입구랑 가까운 곳에 앉으라고 했다. 제일 뒤에 있는 좌석이었다. 그 순간 내가 가해자에게서 숨으려고 애쓰는 모습을 스스로 견디기 어려웠다. 에라, 모르겠다. 모자를 벗어 던지고 정중앙에 앉았다. 앞선 다른 재판들은 순식간에 지나갔다. 시간이 갈수록 심장 소리가 귀에 더 크게 울려댔다. 드라마에서 보는 것처럼 "이의 있습니다!" 같은 외침이 울려 퍼지는 열정 넘치는 법정은 존재하지 않았다. 게다가 재판장에 있는 사람들은 말하는 속도가 너무 빨라 마치 주술을 외우는 것 같았다. 과연 내가 이 재판을 알아들을 수 있을까 걱정이 앞섰다.

'2022고합282'라는 소리와 함께 가해자가 법정에 들어왔다. 절대 잊어버리지 않기 위해 천천히 숨을 내쉬며 가해자를 바라봤다. 그런데 가해자는 너무나도 이상했다. 영화나 드라마에서는 가해자들이 죄지은 듯 고개를 푹 숙이고 반성하는 척이라도 하던데, 이 사람은 제집이라도 되는 양 너무 편해 보였다. 긴장한 기색 하나 없이 지루하다는 듯 앉아 있었다. 기이했지만 중요한 건 그게 아니었다. 검사님이 사건을 요약한 뒤 CCTV 영상을 보여준다고 했다. 첫 영상은 거의 10분 동안 나를 따라오는 가해자의 모습이 담긴 영상이었다. 가해자와 눈 한 번 마주치지 않고 10분 동안 걸어갔던 내 모습을 보니 자신감이 생겼다. 좋았어, 난 역시 잘못한 게 없구나. 곧이어 오피스텔 로비 영상이 나왔다. 영상을 본 적이 있던 언니는 재빨리 내 눈을 가리려고 했다. 나는 그 손을 뿌리치며 말했다.

"손 치워. 이거 보려고 왔으니까."

언니에게 들었던 설명보다 영상은 더 잔인하고 기괴했다. 일말의 현실감까지 사라졌다. 내가 이렇게 맞았다니. 말도 안 돼. 째려보기는커녕 눈길조차 안 줬는데, 저렇게 체중을 힘껏 실어 나를 두들겨 패다니. 심지어 가해자는 사후경직이라도 된 것처럼 온몸이 굳은 나를 복도로 끌고 갔다. 영상이 끝나고 검사님은 CCTV 영상으로 볼 수 없는 사각지대에서 7분 정도의 공백이 있다고 말했다. 그러므로 속옷 DNA를 재감정하겠다고 했다. 1차 공판이 끝나고 법원을 나섰지만, 누구도 쉽사리 입을 떼지 못했다. "저건 누가 봐도 목적 있는 사람 아니냐"라고 내가 투덜대자, 그제야 언니가 입을 열었다.

"응급실에서 내가 환자복으로 갈아입힐 때, 너 속옷 안 입고 있었냐고 물어봤던 거 기억나?"

그제야 뭔가 퍼즐이 맞춰지는 것 같았다. 그걸 왜 이제야 얘기하냐면서 언니의 어깨를 치며 화를 냈다. 의식은 있었던 터라 언니는 내가 기억하는 줄 알았다고 했다. 성범죄를 의심해볼 법도 했지만, 사건이 일어나면 당황하는 건 피해자뿐만이 아니다. 피해자 가족도 마찬가지다.

당황해서 그럴 여유까진 없었겠지 싶어 다시 차근차근 언니 말을 들어봤다.

응급실에서 환자복으로 갈아입히려고 내 바지를 내리는데

속옷이 없었다고 했다. 그래서 언니는 내게 속옷을 안 입었냐고 물었고, 살면서 노팬티라곤 해본 적이 없던 나는 당연히 입었다고 했다. 바지를 좀더 내리니 한쪽 다리 종아리에 속옷이 걸쳐져 있었다고 했다. 멀쩡히 거리를 걸어다니던 내가 속옷을 다리에 걸쳐놓고 있었을 리도 없고, 환자복으로 갈아입기 전까지만 해도 바지를 만진 의료진도 없었다. 가해자가 분명 성범죄를 시도했다는 생각을 지울 수 없었다. 언니에게 그때의 상황을 적어달라고 한 뒤, 법원에 사실 확인서를 제출했다. DNA가 나온다면 이 재판은 손쉽게 끝날 거라 예상했다.

재판 전만 하더라도 사건을 구체적으로 알고 싶지 않았는데, '7분의 사각지대'가 있다는 말을 들은 나는 이튿날 바로 피해자 사건 열람 복사를 신청했다. 그때까지만 해도 나는 사법부에 대한 기대가 가득했다. 피해자가 사건을 알고 싶어 하니 당연히 알려줄 거라고 생각했다.

하지만 재판부는 열람 복사를 신청한 내게 피해자는 사건의 당사자가 아니라는 말과 함께 공소장만 열람 허가해줄 수 있다고 했다. 공소장이란 걸 법원에 가서 받아보니, 첫 공판 때 들었던 내용이 그대로 적힌 문서였다. 알고 보니 공소장은 검사가 피고인에 대한 죄명과 구체적인 범죄 사실 등을 기재해 공소 시 법원에 제출하는 문서였다.

난 이걸 알고 싶은 게 아니었다. 이것 말고는 보여주지 않는다니. 왜 당사자인 내가 사건 열람을 못 한다는 건지 도통 이해가 되지 않았다. 그저 사실을 알고 싶을 뿐이었는데, 마치 사법부가 피해자를 방해물로 여긴다는 느낌을 지울 수 없었다.

그래서 이후 찾은 곳이 언론이었다. 하지만 언론에 제보하면 모든 게 해결될 거라는 기대와 달리, 처음엔 거의 아무도 내 이야기를 믿지 않았다. 내겐 어떤 자료도 기억도 없었고, 영상으로 보면 엽기적인 행태이지만 영상을 확보할 수도 없을뿐더러 기자들에게도 낯선 이상동기(무차별) 범죄를 납득시키기란 하늘의 별 따기였다. 수십 통의 제보 메일을 보냈지만 회신이 오지 않았다. 법원에서도 미디어에서도 거절당하는 내가 비참하기까지 했다.

그러다가 처음으로 내 이야기를 들어보겠다는 사람이 나타났다. 바로 JTBC 이호진 기자님이었다. 지금 생각해보면 그분께 너무 감사한 게, 내가 아는 거라곤 첫 공판 때 알게 된 사실들뿐이었기 때문이다. 자료도 하나 없는데, 오로지 내 말만 믿고 JTBC 본사에서 인터뷰를 하기로 했다. 그렇게 처음 카메라 앞에 섰다. 이호진 기자님의 머리 위에 물음표가 잔뜩 있는 것 같았다. 피해 사실도 그랬지만, 그분은 내가 정말 특이하다고 계속해서 이야기하셨다. 아마 다른 피해자들보다 밝기도 했지만, 그 와중에도 또 다른 피해자를 돕고 싶다는 내 마음 때문이었던 것 같다. 미디어 전공이었던 나는 이 사건이 분명 가치 있는 사회 문제로서 이슈화될 수 있으리란 확신이 있었다. CCTV 영상을 보지 못한 기자님께 자료를 확보하기 전까지만 기다려달라고, 그전까지 사건의 이름을 생각해달라고 부탁했다. 처음으로 함께하는 동반자가 생긴 것 같아 마음이 한결 가벼워졌다. 심증은 확실하지만, 이걸 증명하려면 얼마나 많은 시간이 걸릴지 머리가 아득해져만 갔다.

인터뷰한 지 얼마 되지 않아 JTBC에서 '엘리베이터 기다리는데 뒤에서 돌려차기'라는 단독 기사가 보도됐다. 기사에는 "중립 기어 박는다"라는 댓글이 많이 달렸다. 게다가 기억이 없다면서 어떻게 이렇게 자세히 진술할 수 있냐며 나를 의심했다. 심지어 기사에 실린 그림이 너무 자극적으로 표현된 것 아니냐는 질타도 받았다. 그림보다 현실이 훨씬 더 잔혹한데 해명할 길이 없어 답답했다.

뭐라도 더 해볼 건 없을까 머리를 굴리던 나는 네이트판이라는 종착역에 들어섰다. 증거는 하나도 없는 데다, 당최 무슨 말을 써야 할지도 몰랐지만, 내가 가진 상처 사진과 함께 '제 인생에도 우영우 같은 변호사가 있다면 좋겠어요'라는 글을 게시했다. 지인들에게 링크를 돌리며 한 번만 읽고 '좋아요'를 눌러달라고 구걸했다. 내 피해 구제를 위해 지인들에게 손을 빌려야 하는 이 상황이 너무 싫었다.

그런데 얼마 지나지 않아 무슨 이유에선지 갑자기 글이 삭제됐다. 사진이 너무 자극적이었던 걸까. 아니면 범죄와 관련된 글을 올릴 수 없거나, 명예훼손 때문이었을까. 이제 도와달라고 얘기하는 것조차 지쳤다. 다들 도움이 필요하면 언제든 얘기하라고 했지만, 그들에게도 자기 인생이 있는데 짐이 되긴 싫었다. 이때부터 나는 오로지 나 혼자 해보겠다고 다짐했다.

댓글을 읽다 보니 문득 도주를 도왔던 가해자의 전 여자친구가 생각났다. 그녀는 가해자의 도주를 도왔기에 첫 공판에서 가해자와 나란히 피고인석에 앉아 있었다. 앳돼 보이던 그 여자애는 도대체 왜 그랬을까. 무슨 생각으로 범죄자를 숨겨준 걸까 싶어 괘씸했다. 지난 시간 동안 내가 얼마나 힘들어했는지 알기는 할까. 언니는 그런 내 고민을 듣더니 재판 당시 자신이 봤던 상황을 얘기해줬다. 내가 CCTV 영상을 뚫어질 듯이 보고 있을 때, 언니는 가해자가 아닌 여자친구 쪽을 보고 있었는데 여자친구가 화들짝 놀라는 모습을 봤다고 했다. 그제야 예전에 받았던 '여자친구도 피해자'라는 메시지가 떠올랐다.

공판 날 들었던 피고인 이름 김지현(가명)을 SNS에서 열심히 검색했다. 보험설계사라는 정보를 바탕으로 금방 찾을 수 있었다. 곧바로 나는 다이렉트 메시지를 보냈다. '안녕하세요, 기억나시나 모르겠는데 피해자 ○○○입니다. 잘 지내세요? 몸은 괜찮으신가요?' 가해자를 숨겨준 마음이 괘씸해서 돌려 까는 메시지였다. 그런데 의외의 답변이 돌아왔다. '먼저 물어봤어야 하는데, ○○씨 몸은 회복되어가시나요? 많이 힘드실 텐데, 죄송합니다.' 도무지 이해가 안 됐다. 이 사람이 나를 때린 것도 아닌데, 왜 이렇게 진심을 다해 사과하는 걸까. 한순간에 미운 마음이 녹아내렸다. 그 진심 어린 사과 덕분에 정작 나를 때린 가해자는 전혀 반성하고 있지 않다는 걸 더욱 절감할 수밖에 없었다. 이 이상의 대화는 내게 필요하지 않았다. 이 정도면 내겐 충분했다.

사건 자료를 확보하려면 민사소송을 시작할 수밖에 없었다. 담당 재판부 직원도 민사로 문서 송부 촉탁을 받으라고 권유했다. 로톡에서 변호사를 알아본 뒤 서울에 있는 변호사를 선임하기로 했다. 왠지 서울에 있는 변호사가 더 유능할 것 같다는 단순한 생각에서였다. 하지만 백수인 내게 몇백만 원의 수임료가 있을 리 만무했고, 결국 카드로 24개월 할부를 해달라고 했다. 그만큼 나는 절박했다. 내가 사건의 당사자니까.

이제부터는 시간이 해결해주리라 생각했다. 사건 때문에 신용불량자가 될 순 없으니 정신 차리고 빨리 일이나 하자며 아는 대표님들에게 복귀 소식을 알렸다. 하지만 아무도 날 찾지 않았다. 프리랜서 디자이너에게 두 달의 공백은 치명적이었다. 일이 없는 것도 문제였지만, 오랜만에 받은 디자인 의뢰도 제대로 해내지 못했다. 마감 10분 전까지 프로젝트를 깜빡하고 있었던 것이다. 겉보기엔 멀쩡했던 나는 사건 이후 기억력과 집중력이 엄청나게 나빠져 있었다. 손이 부러진 것도 아니니 일하는 데 문제없으리라 생각했던 내 예상은 완전히 틀렸다. 이런 상황을 배려해줄 곳은 어디에도 없었다. 사회는 냉정하니까. 결국 모든 업무를 그만두기로 결정했다. 나는 도대체 무엇을 하며 살아갈 수 있을까, 앞날이 깜깜했고 빛 한 줌도 보이지 않았다.

그때 내가 택한 건 책이었다. 범죄와 관련된 서적을 몽땅 사서 읽기 시작했다. 지피지기면 백전백승이라 하지 않나. 공부해서 가해자의 심리라도 알아내고 싶었다. 이수정 교수님의 『최신 범죄심리학』을 읽으며, 이 사건은 통상적인 무차별 범죄와 다르다는 확신이 들었다. 성을 목적으로 한 범죄인 것 같았지만, 그게 맞다면 풀리지 않는 문제가 있었다. 당시 가해자에겐 여자친구가 있었는데 왜 그런 목적을 가졌을까? 무슨 이유에서든 일면식 없는 사람에게 이 정도의 폭력을 행사했다면 초범은 아닐 거라는 확신이 들었다. 그렇게 무능해진 나는 책을 통해서라도 아무것도 하지 못하는 죄책감을 덜어내려 애썼다.

그 후로는 법원도 제집 드나들 듯 자주 갔다. 법원은 소지품 검사도 하고, 혹시나 모를 상황에 대비해 법정에는 늘 경위들이 배치되어 있어서, 내가 느끼기엔 세상에서 제일 안전한 곳이었다. 다른 피고인들의 태도도 궁금했고, 내 사건을 담당하는 판사가 어떤 성향인지 알고 싶기도 했다. 하지만 성범죄 재판은 거의 방청할 수 없었다. 모든 재판은 공개가 원칙이지만, 성범죄나 청소년과 관련된 범죄는 제한적으로만 공개됐기 때문이다. 그래서 대부분 사기나 폭행과 관련된 재판들만 볼 수 있었다.

의아했던 건, 어디에서도 피해자를 볼 수 없었다는 점이다. 그러던 어느 날, 어머니로 보이는 중년 여성이 한 남자아이와 함께 재판을 기다리며 손을 꼭 붙잡고 있는 모습을 봤다. 드디어 피해자 가족이 보이는구나 싶었다. 남자아이도 긴장했는지 손을 덜덜 떨었다. 나 같아도 그럴 것 같다고 생각했다. 그런데 재판이 시작되자, 긴장하던 그 남자아이는 피고인석으로 입장했다. 엄청난 충격이었다. 그 이후로도 몇 시간 동안 재판정을 지켜봤지만, 어디에서도 피해자는 보이지 않았다. 처음엔 그런 피해자들을 이해할 수 없었다. 자기 일인데 왜 신경을 안 쓰는 걸까, 속으로 질책하기도 했다. 그러니까 피해자들을 만만하게 생각하는 괴물들이 생겨나는 거 아니냐고.

내 일이 아닌 우리의 일

어쩔 수 없이 가해자의 전 여자친구 김지현님에게 다시 연락하게 됐다. 지금 생각해도 무례한 연락이었다는 건 안다. 하지만 물어볼 수 있는 사람이 지현님밖에 없었다. 대뜸 한 달 만에 연락해서는, 연인이었을 때 폭행을 당한 적은 없는지, 가해자에게 이상한 취향은 없었는지 물었다. 이런 연락이 불편할 법도 한데, 지현님은 매번 내 질문에 성실히 답해주셨다. 어떻게 도주를 도왔는지, 어떤 사이였는지도 말이다.

알고 보니 겨우 한 달 정도 만난 사이였다고 한다. 심지어 지현님은 사건이 어떤 내용인지도 자세히 몰랐다고 했다. 시간이 늦은 터라 자고 있었는데, 가해자가 술에 취해 들어와서는 남자들과 싸움이 좀 커졌다고 말했단다. 전과가 있어서 이번에 잡히면 무조건 구속이라며, 자신과 생일이 같은 지현님에게 생일만 함께 보내고 자수하겠다며 며칠만 같이 있어 달라고 했다고.

그래서 지현님에게 경찰이 찾아왔을 때도 가해자가 시키는 대로 얘기했다고 했다. 남자친구가 있긴 한데, 이름이 '이○우'가 아니라 '이○후'라고, 그따위 수준 낮은 변명을 했다더라. 점점 가해자가 한심하게 느껴졌다. 20대 초반에 남자 하나 잘못 만나 전과까지 생기다니. 나만큼이나 기구한 인생이라는 생각이 들었다. 무슨 범죄든 숨겨준 건 잘못이지만, 이렇게 심각한 사건인 줄은 몰랐다고 했다.

지현님은 내 질문에 매번 꼬박꼬박 답해주셨다. 잠깐의 대화만으로도 이 사람은 순하디순하고 착하기만 했다. 다행히 주변 지인이 이 얘기를 듣고는, 단순 폭행 사건에 경찰이 이렇게 빨리 찾아오겠냐며 대신 신고했다고 한다. 내가 괜히 애먼 사람을 미워했다 싶었다.

지현님은 형사에게 포렌식 결과와 관련된 질문을 받고 나서야 피해자가 여성이라는 걸 알았다고 했다. 지현님의 휴대폰에는 '○○동 강간' '실시간 서면 살인 사건' 등의 검색 기록이 남아 있었다. 사건에 대해 아무것도 모르는 사람이 그런 내용을 검색한다는 건 말이 되질 않는다. 아마 가해자가 도주 중 추적을 피하려고 자신의 유심을 빼놓고 지현님의 휴대폰으로 수사 상황을 확인하려 했던 것 같다.

어찌나 검색을 많이 했던지, 가해자는 하루에 3시간도 못 자고 지냈다고 했다. 영화 「쇼생크 탈출」에서 앤디가 한 재소자에게 말했던 것처럼, 정말 범죄에는 영 적성이 없는 사람이라 생각했다. 지현님은 그 후 몇 번 구치소 면회를 갔다가 이내 이별을 통보했고, 그러자 가해자는 지현님에게 협박 편지를 보냈다. 도주까지 도와준 사람에게 협박 편지라니, 도무지 이해할 수 없었다. 편지를 보여줄 수 있냐고 물으니, 찍어놓은 사진을 보내주셨다. 내용이 가관이었다. 그렇게 욕이 가득한 편지는 살면서

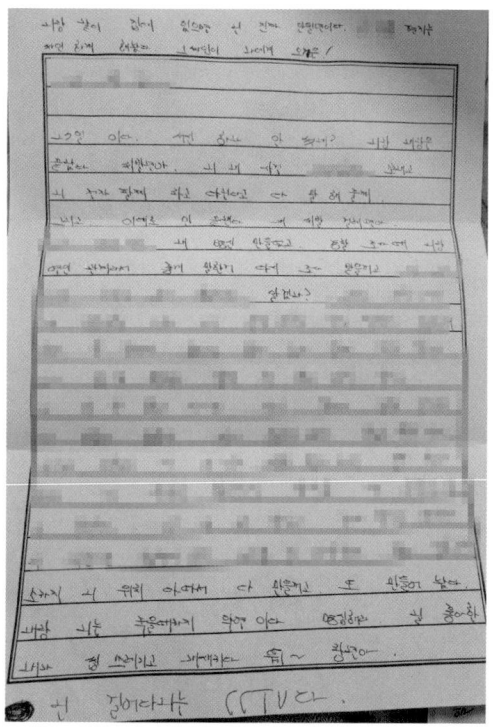

가해자가 전 여자친구에게 보낸 협박 편지(1)

처음 봤다. 이젠 정말 나만의 일이 아니었다. 이호진 기자님에게도 얘기했더니, 이 사안도 꼭 다루고 싶다고 하셨다. 지현님도 흔쾌히 이 일을 돕겠다고 해주셨다.

  지현님과 처음 만난 곳은 법원이었다. 아직은 내 사람이라고 확신하지 못했기에, 법원에서 만나야 그나마 안전할 거란 생각 때문이었다. 다행히 내가 예상한 그대로, 어리고 예쁜 친구였다. 간단히 인사를 나누고서 카페로 향했다. 이런저런 이야기를 주고받다 보니, 다소 실례가 되는 질문을 건네야만 했다. 혹시

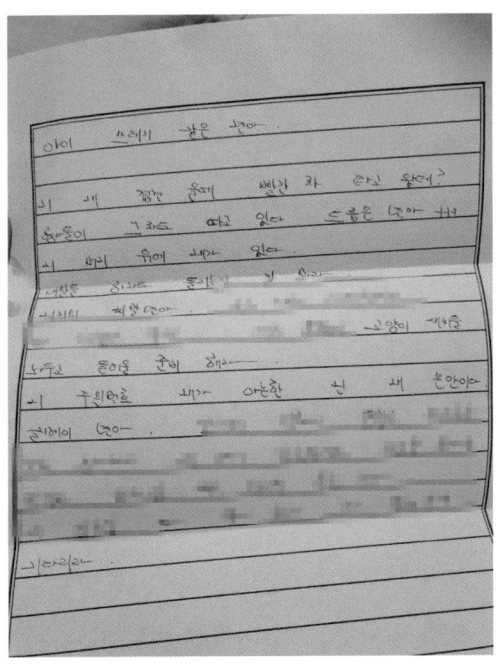

가해자가 전 여자친구에게 보낸 협박 편지(2)

가해자에게 특이한 성적 취향이 있었냐고. 그러자 가해자가 계속 항문 성교를 졸랐다고 했다. 그때, 입원하고서 항문에서 피가 났던 기억이 스쳐 지나갔다. 그 출혈이 왠지 그와 관련되어 있을 것 같다는 불길한 예감이 들었다. 우리는 온갖 얘기를 나누며 급속도로 친해졌다. 가해자의 도주를 도운 전 여자친구랑 친해졌다고 얘기하니, 다들 질색하며 조심하라고 했다. 하지만 사람들의 우려와 달리, 나는 지현님 덕을 많이 봤다. 지현님이 공범으로 엮여 있었기에 피고인 신분으로 사건 자료 열람 권한이 있었기 때문이다. 혹시 재판 기록 열람 복사 신청을 해줄 수 있냐고 물어보니, 흔쾌히 알겠다고 했다. 대답을 듣고서 그날의 자리를 끝냈다. 얼마 지나지 않아 지현님에게 연락이 왔다. 법원 직원이 빨리 재촉하는 탓에 일부만 받아왔다고 했다. 하지만 나는 그 일부조차 보지 못하는 피해자였기에, 지금 당장 지현님의 집으로 가겠다고 말했다. 그래도 여전히 무섭기는 마찬가지였다. 양해를 구하고서 언니와 남자친구가 볼 수 있게 라이브 방송을 틀어놓은 채로 문서들을 확인했다.

잠깐 펼쳐봤는데도 거짓말로 가득 차 있다는 걸 알 수 있었다. 자세를 바로잡고 같이 차근차근 보기 시작했다. 변호사가 잘못된 사실이 있으면 형광펜으로 표시해달라고 했다. 그랬더니 거의 모든 페이지가 형광펜으로 칠해졌다. 어디서부터 손봐야 할지 도통 감이 안 잡혀서 머리가 지끈거렸다. 지현님에게 허락을 구하고 문서를 가져와 종일 그 문서들을 타이핑했다. 그리고 탄원서에 한 줄 한 줄, 사실과 다른 내용을 지적하며 적었다. 피해자는 할 수 있는 게 탄원서뿐이었으니 말이다. 재판부는 반성문도 보여주지 않아서, 매일 사건 정보를 조회해 가며 가해자가 반성문을 제출하면 이튿날 탄원서를 썼다. 추후 알게 된 사실이지만, 매번 뻔뻔하던 가해자가 '항문 출혈'에 대한 이야기가 나오자 감정이 담긴 반성문을 처음으로 냈다고 했다. 왜 그랬는지는 각자의 해석에 맡기고 싶다.

사건에 대해 알리려면 직접 재판에 참석할 수밖에 없었다. 두 번째 공판부터는 누구보다도 화려하게 가고 싶었다. 피해자인 내가 숨을 필요가 없기도 하고, 구속되어 있는 피고인과 달리 나는 패션의 자유가 있는 사람이라는 걸 은연중에 알려주고 싶기도 했다. 그렇게 두 번째 공판 날, 나는 법원에서 가장 밝고 알록달록한 사람이 되었다. 재판을 기다리는데 기자로 보이는 사람이 앉아 있었다. JTBC 기사를 보고 온 건지 궁금했지만, 변호사가 마침 도착해서 곧바로 법정으로 들어가야만 했다. 나는 또 그렇게, 법정에서 가장 잘 보이는 한가운데 자리에 앉았다. 잘못한 게 하나도 없었으니까.

다행히 두 번째 공판에는 내 변호사가 왔던 터라 그나마 든든했다. 그런데 예상과는 다르게, 추가 DNA 검사에서 가해자의 DNA가 나오지 않았다고 했다. 혼절하며 소변을 봐서 그랬던 건지 모르겠지만, 안 나왔으니 오히려 다행이다 싶었다. 다시 한번 성범죄피해자가 되지 않은 것에 감사했다. 그 이후 피고인 측 변호사는 합의와 관련된 얘기를 꺼냈다. 나는 이 사람이 진심으로 내 회복을 도우려는 게 아니라는 걸 알고 있었다. 그저 양형에 유리한 도구로서, 재판을 최대한 미룰 수 있는 수단으로 쓰려던 것이었다. 예상보다 두 번째 공판은 빨리 끝났다. 서울에서 온 변호사는 KTX를 타야 한다며 급하게 뛰어갔다. 출장비 30만 원이라는 거금이 이렇게 빨리 사라지다니 허탈했다.

그렇게 집으로 돌아가려는데, 아까 기자처럼 보이던 그 사람이 말을 걸어왔다. 기사를 봤다고 했다. 역시 기자구나 싶었는데, 내 손을 잡더니 고생 많았다며, 많은 사람이 응원하고 있으니 힘내라고 말했다. 처음이었다. 사건 이후로 누군가가 내게 목적 없이 다가온 첫 사람이었다. 공판 때마다 오겠다며 이메일로 연락해달라는 말과 함께 책 한 권을 쥐여주고는 사라졌다. 책에는 '연대자 D'라고 적혀 있었다. 그분도 성범죄피해자였고, 사건 이후로 다른 피해자들과 연대하기 위해 방청 연대를 다니고 계셨던 거였다. 그날 처음으로 세상엔 좋은 사람도 많다고 생각하게 됐다. 이분처럼 나도 꼭 범죄피해자를 돕는 사람이 되겠다고 다짐하게 된 순간이었다. 이후로 나는 더 본격적인 공론화를 마음먹었다. 일단 이 범죄에 대해 더 자세히 알아야 했고, 한층 더 책에 파묻혀 살았다.

사실 '묻지 마 범죄'라는 말은 틀린 표현이다. 아무 동기가 없는 범죄는 없다. 모든 범죄에는 동기가 있으며, '이상동기 범죄'나 '무차별 범죄'가 맞는 표현이다. 나는 공론화를 통해 '묻지 마 범죄'라는 표현이 쓰이지 않도록 만들고 싶었다. 그래서 SNS 계정에선 '묻지 마'라는 표현을 사건을 (파)묻지 말아달라고 말할 때나 쓰곤 했다. 처음엔 이렇게 특이한 사건이면 이슈화가 굉장히 쉬울 줄 알았다. 그런데 자료가 없으니 뭐 하나 쉽게 풀리지를 않았다. 합의는커녕 공탁조차 하지 않는 가해자였기에, 배상을 받을 수 없다는 걸 알면서도 손해배상으로 민사를 걸어야만 했다. 빨리 민사소송의 당사자가 되길 간절히 빌었다. 설상가상 그 사람의 돈을 받는다고 하더라도 그 돈이 깨끗한 돈도 아닐 것 같아 받고 싶지 않았다. 그래서 탄원서에 "범인이 1조를 준대도 받지 않을 것이며, 합의금을 위해 노력할 필요도 없다고 전해주세요. 합의는 일절 원하지 않습니다"라고 적었다. 나는 단지 그 사람 때문에 더는 고통받는 이가 없었으면 했다.

드디어 민사 사건번호가 나오고, 열람 복사 다음 단계는 문서송부 촉탁이었다. 이제 시간이 빨리 흐르기만을 바라며, 있는 만큼이라도 자료를 정리했다. 온라인 공유 문서도 만들어 기자들에게 제보할 때의 창구로 활용했다. 점차 친구들을 다시 만나기 시작했다. 친구들에게 가장 많이 들은 말은 "괜찮아?"였다. 날 걱정해서 한 질문인 걸 알면서도, 너무 많이 듣다 보니 '내가 그럼 괜찮지 않아야 하나?' 싶었다. 여전히 괜찮지 않았지만 이야기를 빨리 끝내고 싶어서 "괜찮아졌다"며 웃어넘겼다.

간혹 약을 먹지 않고 잠든 날에는 여전히 3시간 만에 깼고,

어떤 날은 침대 시트가 다 젖을 정도로 땀을 흘렸다. 정체 모를 꿈에 겁을 먹고 덜덜 떨며 일어나기도 했다. 발도 멀쩡한 건 아니었다. 티가 나지 않을 뿐, 신경이 완전히 돌아온 게 아니라서 발등이 드러나는 구두나 슬리퍼는 엄두도 못 냈다. 그날이 나의 마지막 구두였다. 남들 걸음에 맞추려다 보니 집에 오면 녹초가 되었고, 냉찜질과 마사지기를 달고 살아야 했다. 술도 자주 마셨다. 약을 먹고 있어서 많은 양은 아니었지만, 하이볼은 꼭 한잔 마시고 들어가야 했다. 그 이야기를 듣고 박서희 선생님이 알코올중독을 의심하자, 그 뒤로는 술은 입에도 대지 않았다. 게다가 지갑을 하루에도 몇 번씩 잃어버렸다. 몸만 커진 어린아이가 된 기분이었다. 워커홀릭을 꿈꾸던 내가 하루아침에 이렇게 바보가 되다니. 좌절감이 느껴졌다. 왜 살아야 할까. 혹시 가해자가 풀려나면 어떻게 하지? 불안했다. 하루에도 몇 번씩 기분이 오르락내리락했다.

처음엔 재판이 다 끝나면 글을 써봐야겠다고 생각했는데, 나중에 쓰면 지금 느끼는 감정들을 잊어버릴 것 같았다. 게다가 자신만의 매체가 없으면 잘못된 사실을 바로잡기도 어렵다는 걸 알게 됐다. 그래서 당장 쓰기 시작했다. 가장 솔직하고 생생하게, 범죄피해자의 글을 남겨보자고. 필명을 뭐로 할까 한참 고민하다가, 마비가 풀린 6월 4일의 탄생석에서 따온 '김진주'로 정했다. 그리고 발가락이 움직인 날을 기념해 'miracle_0604'라는 아이디를 만들었다. 몇 달 동안 팔로워는 한 자릿수였다. 아무도 보지 않아도 상관없었다. 그저 기록해두고 싶었을 뿐이었다.

그렇게 시간이 흘렀고, 재판도 거의 마무리를 향해 달려갔다. 재판부에서는 문서 송부 촉탁은 1심이 끝난 뒤에야 가능하다고 했다. '서류야 높으신 분들이 어련히 잘 봤겠거니' 하며 그저 1심이 끝나기만을 바랐다. 1심에서 검사님이 징역 20년을 구형했다. '구형'이라는 단어도 그때 처음 알았다. 검찰이 판사에게 권고하는 형량을 의미한다고 했다. 다음 판결에서 재판부가 실제로 선고하면, 그게 최종 형량이 되는 거라고 했다.

판도라의 상자를 열다

2022년 10월 28일, 드디어 1심이 끝났다. 5개월이나 걸린 재판에서 가해자는 징역 12년을 선고받았다. 당시에는 결코 작은 형량이 아니라고 생각했지만, 가해자가 인정하고 반성한다는 이유로 검찰의 구형보다 8년이 감형된 것이 너무 거슬렸다. 태평하게 앉아 있는 놈이 반성했다고? 반성문을 얼마나 기가 막히게 썼길래 검찰의 구형보다 8년이나 깎인 형을 받았을까 궁금했다. 재판이 끝나고 이자영 검사님에게서 전화가 왔다. 항소할 의사가 있냐고 물으시길래 당연히 그렇다고 했다. 가해자는 반성하지 않았을뿐더러 한 번도 살인미수를 인정하지 않았다며, 이 점을 꼭 써달라고 부탁드렸다. 내가 범죄피해자 구조금을 신청해놨다고 하니, 검사님은 담당 부서에 잘 얘기해놓겠다고 했다. 필요한 서류가 이미 낸 서류에 포함돼 있으면 직접 전달해주겠다고도 했다. 이 정도면 내게 충분했다.

  1심 재판이 끝나고 일주일 이내에 상고해야 하는데, 역시나 가해자는 상고했다. 쌍방으로 2심을 가게 되었다. 드디어 재판부에서 서류를 보냈다. 변호사가 메일로 첨부한 파일이 무려 1268장이었다. 언제 다 보나 싶어 막막했다. 영상은 직접 가서 받아 와야 했는데 일주일 정도 기다려야 했다. 그동안 재판 기록부터 보기 시작했다. 가관이었다. 진짜 큰일이구나. 진실을 알리고 자료를 받았더니, 하나부터 열까지 거짓말로 가득한 진술서만 잔뜩이었다. 가장 눈에 띄었던 건 '수사경력 조회 회보서'였다. 세상에, 한 사람이 이렇게 많은 범죄를 저지를 수 있나 싶을 정도였다. 얼마나 많은 이가 이 사람 때문에 피해를 입었을까. 끔찍했다. 나 혼자만의 일이 아니구나, 내 지인이 당했을 수도 있었겠다는 생각이 들었다. 구멍을 뚫어 두꺼운 파일철에 넣었다. 그나마 양면 복사였기에 들고 다닐 수는 있었다. 변호사들은 매번 이런 서류를 보는 걸까, 새삼 놀라면서도, 이걸 어떻게 들고 다녀야 할지 막막했다. 5킬로그램이 넘는 무거운 서류철을 들고 다니기 위해 캐리어를 결국 사야만 했다.

  가해자는 사법 체계에서 모든 혜택을 다 받은 사람이었다. 소년보호처분, 반성, 인정, 합의 등. 왜 그렇게 법정에서 차분했는지 이제야 이해가 됐다. 그는 매번 1심이 끝나면 항소했다. 항소하면 형량이 감경될 수도 있다는 걸 이미 알고 있었기 때문이었다. 어디서부터 잘못된 걸까. 뭐가 이 사람을 이렇게까지 만들었을까. 페이지를 넘기면 넘길수록, 내가 결국 이 사람 손에 죽고 말 거라는 확신이 들었다. 할 줄 아는 게 범죄뿐인 사람. 범죄는 나날이 진화해왔다. 아무 잘못 없이 이 사람 손에 죽겠구나. 그 순간, 난 이제 더 이상 평범하게 살 수 없다는 걸 직감했다.

스쳐 지나가는 모든 사람에게 열등감을 느꼈다. 웃으며 걸어다니는 사람들이 부러웠다. 판도라의 상자를 굳이 왜 열었을까 자책했다. 하지만 이미 연 김에, 활짝 열어젖혀야 했다. 내가 아닌, 내가 아끼는 사람들을 위해. 하지만 최근 사건도 아니고, 1심까지 끝난 사건에 누가 관심을 가져줄까? 미디어커뮤니케이션을 전공한 나는 잘 알고 있었다. 이 시점에서 공론화를 하려면 엄청난 시간이 필요하다는 걸. 심지어 지역도 부산이라 장벽은 훨씬 더 높았다. 그럼에도 불구하고 할 수밖에 없었다. 해야만 했다. 나 말고 또 다른 누군가가 이런 억울한 일을 겪지 않게 하기 위해. 그만큼 내가 너무 아팠으니까.

인터뷰 1

트라우마와 싸우다
최윤경(계명대 심리학과 교수)

대담 제안을 받고 오래전에 내게 심리상담을 받았던 범죄피해자들을 떠올렸다. 대부분은 겁에 질려 있거나 몹시 불안해했고, 자신이 경험한 외상을 낮에는 불쑥불쑥 떠오르는 기억으로, 밤에는 악몽의 형태로 재경험하고 있었다. 외상과 관련된 기억이 떠오를 때면 마음이 고통스러운 것은 물론이고 사건 당시 느꼈던 몸의 감각이나 통증을 다시 체험하기도 한다. 이들에게 세상은 더 이상 안전한 곳이 아니었다. 다른 사람을 믿지 못하게 되었고 자신의 탓이 아님에도 불구하고 끝없이 스스로를 탓하며 책망하고 있었다.

외상 사건 자체가 고통이기에, 그 사건을 떠오르게 하는 것은 무엇이든 회피하거나, 피할 수 없을 때는 가까스로 고통을 견딜 수밖에 없다. 이런 삶의 방식이 반복되다 보면 마치 원래 그랬던 것처럼 삶의 범위가 축소된다. 그럼에도 이를 알아차리기는 어렵다. 이런 반응은 범죄피해 같은 외상 사건을 겪은 사람이라면 누구나 경험할 수 있는 '당연한' 반응이다. 즉 그럴 수 있는, 그럴 만한 반응이란 뜻이다. 그러나 이러한 반응이 삶을 파괴하지 않도록 자기 자신을 잘 돌봐야 하며, 필요하다면 타인의 도움도 받고 심리적, 신체적 치료에도 적극적으로 임해야 한다.

'부산 돌려차기 사건'은 언론에서 워낙 크게 보도되었기에 나도 익히 알고 있었다. 대담 준비 과정에서 받은 질문과 김진주님의 답변을 읽으며, 김진주님이 용기 내 자신의 경험을 이야기한 것은 오직 다른 누군가가 자신과 같은 피해를 입지 않기를 바라는 마음에서 비롯됐다는 걸 느낄 수 있었다. 사건 이후로 상담과 치료를 받고 많이 회복되었다고는 했지만 혹시나 하는 마음에 범죄피해자 지원센터에서 실습 및 봉사를 하고 있는 지도 학생들과 얼마 전 범죄피해자들에게 도움을 주고자 제작한 『마음건강안내서』 소책자를 챙기고 김진주님을 맞을 준비를 했다.

첫인상은 자신의 생각을 거리낌 없이 이야기하는 밝고 당찬 20대 여성이었다. '부산 돌려차기 사건 피해자'라고 스스로 말하지 않았다면 극심한 범죄피해를 겪은 사람이라고 상상하기 어려웠을 것이다. 이렇게 웃으면서 말할 수 있게 되기까지 어떤 고통과 싸워왔을지……. 심리상담을 통해 내가 만났던 범죄피해자들이 회복되기까지 꽤 긴 시간과 큰 노력을 들여야 했던 걸 감안할 때 조금은 그 고통의 깊이를 짐작할 수 있었다. 우리는 그의 길고 치열한 투쟁 과정은 모른 채 겉으로 드러나는 밝은 모습만 보고 있는 것 아닐까? 대담을 진행하면서 김진주님은 심리학자가 아님에도 불구하고 자신의 마음을 잘 알아차리고 이런 역경에도 건강하고 적응적인 방식으로 대처해왔다는 생각이 들었다. 여느 범죄피해자와 유사한 경험을 했을 텐데, 두려움이 없는 게 아니라 두려움에도 불구하고 피하지 않았던 것이 그가 보여준 용기라 할 수 있다. 범죄피해자들이 이 사례로부터 희망을 발견하고 자신을 더 잘 돌보며 삶을 다시 시작하고, 필요하다면 전문가로부터 심리상담을 받을 용기를 낼 수 있기를 바란다.

김진주　저는 진료도 상담도 꾸준히 받았어요. 심리센터를 가기도 했었는데 더 이상 오지 않아도 된다고 해서 지금은 정신건강의학과만 계속 다니고 있어요. 사건을 기억하지 못하는 해리성 기억상실 장애[1]를 앓고 있어서 정신건강의학과는 계속 꾸준히 다닐 거예요.

최윤경　오늘 뵈니까 무척 씩씩해 보여서 한편으로는 다행스러워요. 먼저 질문드리고 싶은 건 이 사건이 김진주님께 어떤 의미인지예요. 갑작스레 바뀐 삶에 대해 어떻게 느끼고 있는지 궁금했어요.

김진주　사건을 겪은 건 바꿀 수가 없잖아요. 처음에는 스스로 고립시키고 우울증도 겪으면서 대인관계를 회피했는데, 이게 좀 길어지다 보니까 '내가 왜 이러고 있지?' 생각하는 시기가 왔어요. '우울하다'라는 감정을 들여다보면 우울함에 대해서만 생각하게 되잖아요. 그런데 이 고민이 가성비가 없다는 생각이 들었어요. 바꿀 수가 없으니까요. 혼자 늪에 빠지는 걸 자처하는 거니까요. 그러면 이제 내가 바꿀 수 있는 걸 먼저 바꾸자는 마음으로 제도를 바꾸거나 피해자들과 연대하자고 생각했죠.

1　뇌에 물리적 손상을 입은 것이 아님에도 불구하고 트라우마 사건과 관련된 중요한 정보를 기억하지 못하는 상태를 말한다.

최윤경   바꿀 수 없는 것은 받아들이고 바꿀 수 있는 것을 바꾸자……. 김진주님이 사용하는 단어들이 신기한 게, 이미 치유된 사람들이 사용하는 용어거든요.

김진주   1심 공판을 시작하기 전까지는 저도 엄청 두려웠어요. 그러다가 1심에서 '7분의 사각지대가 있다'는 말을 들었어요. 처음에는 저도 전혀 알고 싶지 않았는데, 물음표가 던져지면 그 답을 찾으려는 게 인간 심리잖아요. 1268장의 사건 자료를 다 읽고 나니, 실상은 이 사람은 무서운 사람이 아니라 겁이 많은 사람이라는 걸 깨닫고 엄청나게 빨리 회복됐어요. 복용하는 약도 급속도로 줄었고요.
  남들은 이렇게 말하더라고요. '잊어버리고 새 삶을 살아라.' 안 좋은 경험이지만 저한테는 이미 그 사건이 인생이잖아요. PTSD[2]를 입으면 집중력이랑 기억력이 굉장히 저하되는데요. 일이 안 될 정도로 심하게 저하돼서 아무것도 할 수 없었어요. 처음에는 피해자라고 저 스스로 얘기하는 게 불편했는데 오히려 외면할 수조차 없었던 그 상황이 저를 빨리 낫게 한 것 같아요.

---

2   외상후스트레스장애Posttraumatic Stress Disorder의 약어. 외상 사건을 경험한 후 사건 당시 경험했던 심리적 고통과 생리적 반응을 재경험하고, 사건과 관련된 상황이나 자극을 회피하는 행동을 보이는 심리적 장애로, 정확한 진단을 위해서는 전문가와 상담 및 심리검사가 필요하다. 범죄 현장의 CCTV 영상은 피해 당사자에게 사건 당시의 고통스러운 기억이나 생각, 감정을 재경험하게 하는 요인이 될 수 있다.

최윤경 지금 말씀하신 이야기들은 보통 범죄피해자들이 상담을 마칠 때쯤 하거든요. (웃음) 내담자들은 대개 트라우마 기억을 지우고 싶어해요. 그런데 저는 이렇게 이야기해요. 이미 일어난 일은 되돌릴 수 없다, 있었던 일을 없던 일로 만들 수는 없다, 이런 일을 겪지 않았다면 좋겠지만 원치 않아도 누구나 범죄를 겪을 수 있다고요. 범죄 사건이 발생했고, 내가 그 피해를 입었다는 사실을 인정하는 것, 이것이 변화의 출발점이니까요.

진실을 인정하는 것은 물론 고통스러워요. 내가 겪은 외상 사건을 인정하고 들여다본다는 게 힘들지만, 그래도 그런 일이 어쩔 수 없이, 내 잘못이 아님에도 불구하고 발생했다는 것을 있는 그대로 인정하는 게 시작점이라 생각하죠. 김진주님은 그걸 혼자서 깨달은 건지 아니면 그동안 받았던 치료들이 도움이 된 건지……

김진주 생각할 시간이 많아서 그랬던 것 같아요. 더 이상 누구도 걱정시키기 싫다는 마음이 컸어요. 그리고 제가 당한 범죄가 '이상동기 범죄' '무차별 범죄'였잖아요. 사건을 설명하는 것부터 너무 어려운 거예요. 처음 인터뷰할 때만 해도 범죄 동기를 알 수 없으니까 '모르는 사람이 이유도 없이 나를 때렸어'라고 설명해야 했어요. 기자들도 납득을 잘 못 하고. 그래서 자료를 받겠다고 더 애를 썼던 것 같고요. 그게 거의 1년이 걸렸거든요.

최윤경   보통은 그런 일을 당하면 일단 무서워해요. 고통스러우니까 회피하고 싶어서 사건과 관련된 일들을 기억하지 않고 덮으려 하죠. 김진주님처럼 무섭고 피하고 싶은 마음에 맞선다는 건 되게 용기 있는 거예요.[3]

김진주   초반에 저는 아예 감정이 없었어요. 제가 생각해도 너무 이상할 정도로 밝은 거예요. 기억이 하나도 없으니까요. 병원에서 있었던 우연한 상황들 덕분에 감정이 표출되면서부터 정말 많은 감정을 느끼게 된 것 같아요.

최윤경   다른 사람들의 무례한 말이 처음에는 김진주님을 자극하고 안 좋은 영향을 끼쳤지만 그로써 감정이 표출됐네요.

김진주   그래서 안 좋은 것도 결국 전화위복이 될 수 있다고 생각했던 것 같아요.

최윤경   불행하고 힘든 일 안에서도 긍정적인 면을 발견한 거네요. 범죄피해와 같은 사건을 겪은 직후에는 흔히 도망가거나 싸우

---

[3] 범죄와 같은 외상 사건을 경험한 후, 극심한 두려움이나 불안을 경험하면 사건과 관련된 많은 것을 회피하거나, 어쩔 수 없는 경우에는 고통을 참고 견디는 삶을 살게 된다. 사건과 관련된 장소나 상황, 대상은 물론, 사건과 관련된 기억이나 생각, 느낌을 회피하게 된다. 이러한 회피는 두려움과 불안에 대한 당연한 반응이지만, 회복을 더디게 하고 증상을 지속시키는 요인이기도 하다. 대부분의 심리치료에서는 내담자와 논의하여 회피 행동을 줄일 수 있는 다양한 접근을 시도한다.

는 등의 반응이 나타나요. 도망갈 수 없고 싸울 수도 없으면 얼어붙고요.

우리 몸과 마음이, 정확하게는 신경계가 그렇게 프로그래밍 되어 있어요. 처음에 감정이 없었다던 상태도 어쩌면 얼어붙은 것이었을 수도 있어요. 얼어붙으면 몸을 움직이지 못할 수도 있고 마음의 고통을 덜 느낄 수도 있어요. 그럴 때 주변 사람들에게 이런 말을 듣죠. "이 정도 일을 겪었으면 많이 힘들어하고 고통스러울 것 같은데 괜찮아 보이네?"

김진주 그렇죠. 저 정말 그 말 많이 들었어요.

최윤경 그러니까 사실 괜찮지 않은 게 정상적인 반응이에요. 범죄 자체가 비정상이고 그런 사건에 대해 다양한 반응이 나타날 수 있죠. 마음이 힘들 수도 있고 자신을 돌보지 못하고 집 안이 엉망이 될 수도 있고요. 거의 죽을 뻔한 일을 겪고 난 다음에는 내일이 없을 수 있다고 생각하니까 과소비를 하는 등 사람마다 여러 반응이 나타날 수 있죠. 그래서 흔히 트라우마라는 비정상적인 사건에 대한 정상적인 반응이라고 얘기하죠.

김진주 괜찮냐는 질문을 너무 많이 들으니까, 약간 삐딱하게 '그럼 괜찮지 않아야 되나?' 싶었어요. 저는 1심 전에 퇴원 수속을 밟으면서 마비가 기적적으로 풀렸는데 그게 너무 싫은 거예요. 그러니까 남들은 정말 다행이다, 다시 걷게 돼서 다행이다 하는데도 말이에요.

사실 그때도 엉성하게 걸었어요. 고장 난 장난감 같았죠. 지금 생각하면 감사한 일이지만, 당시에 마비가 풀린 걸 원망하기도 했어요. 사실 외상은 겉으로 잘 드러나잖아요. 다리가 마비된 건 눈에 보이는데 정신은 아파도 티가 안 나잖아요. 저는 하루하루 숨 쉬는 것도 불안하고 길을 걸어다니는 것도 불안한데 이걸 입증하기도 어렵고요. 남들이 괜찮냐고 물어봐도 결국 제대로 말을 못 했어요. 제 고통과 두려움에 대해 인정받지 못할 것 같으니까, 그냥 괜찮다고 얼버무리며 대화를 빨리 끝내려고 하기도 했어요. 내 상태에 대해 제대로 표현하지 못했던 게 큰 스트레스였어요.

최윤경 그래요. 사건 이후 지금껏 살면서 전혀 경험해보지 못한 여러 일을 겪으셨을 것 같아요. 경찰 조사도 받으셨을 거고 법정 재판도 지켜보셨을 거고요. 그런데 이 과정들이 다 쉽지가 않아요. 재판을 참관하는 것도 두려울 수 있는데 피하지 않으셨고요. 가해자를 가둬야 다른 사람들을 보호할 수 있다고 생각한 그 목적의식도 굉장히 중요한 부분이에요. 피해자들은 보통 재판 과정에서 가해자를 피하고 싶어하고, 상처를 받거나 또다시 피해를 입을 수 있으니까 대개는 재판을 참관하지 못해요. 피해자가 꼭 진술해야 하는 경우가 아니면 재판에 못 가고 지켜보지도 못해요. 어쩌면 이런 게 당연한 반응이죠. 그래서 저희 대학에서는 심리학과 학부생과 대학원생이 법정 모니터링 자원봉사를 하고 있어요. 피해자 대신 법원에 가서 재판 진행 과정을 듣고 참관한 내용을 전화로 알려드리기도 하고요. '지금 이러이러한 일이 진행되고 있고 피고가 어떻게 이야기했습니다. 다음 공판은 언제입니다'라고 모니터해서 알려주는 거죠.[4]

김진주   저도 비슷하게 생각했던 게 온라인 방청이었어요. 당시엔 이런 프로그램이 있는지도 몰랐어요. 실제로 겪기 전까지는 이런 정보를 얻은 적이 없으니까요. 실질적으로 몸이 불편한 환자는 아예 상황도 모를 것 같다는 생각이 들더라고요. 저도 마비가 풀리지 않았더라면 못 봤을 테니까요. 서서히 제도들을 알게 되면서 21세기에 범죄피해자들에 대한 지원이 너무 미비하다는 게 화가 났던 것 같아요. 피해자에 대해 아무런 이해가 없는 사법 체계가 원망스러웠어요. 여러 가지로 계속 소외받고 있다는 느낌이 들었던 것 같아요.

최윤경   특히 어떤 부분에서 피해자에 대한 배려가 없다고 느끼셨나요?

김진주   아무도 나한테 묻지 않는 거요. 검찰도 거의 질문이 없었어요. 사실 뭐, 제가 아무것도 모르기도 했죠. 기억이 없으니까요. 그런데 제가 출석했는지조차 궁금해하지 않는 거예요. 처음에는 법원에 가는 것도 무서워했어요. 그래서 먼저 법원

---

4   범죄피해자 지원센터 또는 스마일센터에서는 범죄피해자를 대신해 재판을 참관하여 재판의 진행 과정을 피해자에게 알려주는 서비스를 제공하고 있다.

에 익숙해지려고 재판 있기 전부터 법원을 드나들었어요. 일부러 법정에 앉아서 시뮬레이션도 해보고, 피고인이 이쪽에 있네, 재판장이 저쪽에 있네, 검사는 이쪽에 있네 하면서 점점 친근한 장소로 만든 거죠. 그렇게 해보고 제 재판에 가니까 그나마 좀 괜찮았어요. 집보다 더 자주 간 게 법원이다 보니 제일 안전한 구역이 된 거예요. 게다가 법원 1층에서는 수색 검사를 하잖아요. 칼은 절대 못 가져올 거고 경위도 맨 앞에 서 있고. 오히려 집보다 더 편한 거예요. 판사도 있으니까 여기서는 아무도 어떤 짓도 못 하겠다는 생각이 들었어요.

최윤경 스스로 재판이 열리기 전에 법원에 먼저 가봐야겠다고 생각하신 거예요?

김진주 네.

최윤경 조언을 들은 게 아니고요?

김진주 네. 거의 모든 건 주변 사람들을 걱정시키지 말자는 생각에서 비롯된 것 같아요. 다른 분들이 잘 알지 못하는 사실은 사건 당시의 오피스텔은 남자친구의 집이었어요. 퇴원 일이 정해지고서 걱정했던 건 다시 그 장소에 갔을 때 당시 상황이 떠오르거나 공황이 찾아오지 않을까였어요. 그래서 퇴원 전날 남자친구와 함께 오피스텔 로비로 갔어요. 그리고 기억이 나지 않더라도 로비에서 키스를 하며 들어가자고 했어요. 아예

좋은 기억으로 덮어버리자고요. 다행히 기억도 나지 않고 좋은 추억도 만들었죠. (웃음)

그렇게 스스로에게 겁먹지 말라고 많은 시도를 했던 것 같아요. 다른 사람들을 그만 걱정시켜야 한다면서요. 공판 참석할 때도 언니가 같이 보러 올 테니까 내가 무서워하면 안 되잖아요. 그래서 재판장에 미리 가서 앉아보고 그랬던 것 같아요.

최윤경 김진주님이 하신 행동에는 행동 변화의 근본적인 원리가 담겨 있어요. 심리상담을 할 때 김진주님이 스스로 했던 행동들, 예를 들어 재판이 열리기 전에 법원에 미리 가본다거나, 범죄 장소에 다시 갈 때 발생할 수 있는 일과 그에 대한 대처 등에 대해 치료자가 가이드를 주면서 하나씩 시도하거든요. 트라우마를 경험하면 위험한 것과 그렇지 않은 것을 구분하지 못하고 모든 걸 위험하다고 생각하게 돼요. 이 때문에 심리상담에서 진짜 위험한 것을 구분하도록 연습해야 하고요. 물론, 안전한 상황에서 연습해야 하고, 진짜 위험한 상황에서는 도망가는 게 맞아요.

김진주 도망, 최고의 호신술이죠.

최윤경 그럼요. 그런데 이런 사건을 한번 겪고 나면 안전한 것과 위험한 것이 구분이 안 돼요. 이전에 안전했던 공간이나 사람도 위험하게 느껴지고요. 예를 들면, 길을 걸으면서 계속 뒤돌아

보게 되는 거죠. 이전에는 뒤 안 돌아봤죠?

김진주 그럼요. 앞만 보고 다녔죠.

최윤경 그러니까 정말 위험한 거랑 그렇지 않은 게 구분이 안 되고, 위험하지 않은데도 위협감을 느끼는 거예요. 결과적으로는 삶이 제한돼버리죠. 못 가게 되는 장소나 못 하게 되는 일이 생기고요. 그래서 치료할 때 사건 이후로 위험하게 느껴져서 피하고 있는 것들을 다 찾아보는 거예요. 그다음 안전한 상황에서 하나씩 경험해보고 우려했던 것만큼 위험하지 않다는 사실을 새로 학습하는 거죠.
처음에는 당연히 불안해요. 위험하다고 지각한 상황에서 불안감이 쭉 올라가다가 어느 순간 정점을 찍고 그다음에는 떨어지게 되어 있는데, 대부분의 피해자는 불안해지기 시작하면 일단 몸과 마음이 고통스러우니까 그 상황을 떠나는 거예요. 결국 여기가 안전하다거나 위험하지 않다는 것을 경험할 기회가 없어지는 거죠. 김진주님처럼 오히려 좋은 기억으로 두려움을 덮는 것은 치료에 긍정적인 작업이라고 볼 수 있어요.

김진주 댓글 중에 이런 것도 있었거든요. '2차 가해 걱정되니까 머리 짧게 잘라라.' '남자처럼 입고 다녀라.' 그런데 그렇게 하기 싫은 거예요. 예쁘게 하고 다니는 거? 노출이 있는 옷? 밤에 늦게 다니는 거, 길에서 휴대폰을 보는 거……. 악플과 2차 가해가 쏟아졌어요. 그래서 오히려 작정하고 그 반대로 해보기도 했어요. 그러니까 어느 날에는 야하게 입고 돌아다녀보고 어느 날에는 밤에 돌아다녀보고. 그런데 아무 일 안 일어나는 거예요. 그런 경험도 무척 도움이 됐던 것 같아요.

최윤경 사실 야한 옷 입을 수도 있고 그런다 해도 이런 일이 안 일어나는 게 정상이죠. 김진주님이 혼자 하신 시도를 전문가들은 '노출 치료exposure therapy'라고 해요. 별로 두렵지 않은 것부터 몹시 두려운 것까지, 피하고 있는 대상이나 장소를 나열하고, 조금 노력하면 할 수 있겠다 싶은 것부터 하나씩 치료자와 함께 시도해보는 거예요. 그렇게 불안이 줄어드는 경험, '아, 이게 위험한 게 아니구나'라는 인식을 새로 학습하는 거예요.

김진주 시사 프로그램에서 '피해자의 잘못이 전혀 없다'는 말에 감명받아서 그랬던 것 같기도 하고요. 제가 많은 피해자와 연락하다 보면 대부분 피해자와 일면식이 있는 관계잖아요. 그래서 피해자들이 자기 집에서도 긴장을 못 놓으시더라고요. 그럴 때는 어떻게 하죠?

최윤경 일단 현실적으로 생각해야 하는데, 정말 가해자가 피해자를 찾아올 수 있는 상황인지 따져봐야 해요. 예를 들면 가해자가 교도소에 가 있는 동안 몇 년은 안심할 수 있잖아요. 그러니까 내가 불안해하는 일이 일어날 가능성이 있는지 객관적이고도 이성적으로 따져봐야죠. 그다음에는 상황에 따라 대응 방법이 다를 수 있어요. 가해자가 우리 집을 알고 있는 게 계속 불안할 수 있고, 그 상황을 견디기 어렵다면 이사도 한 가지 방안일 수 있어요.

그런데 불안은 대개 영원히 계속되지는 않아요. 불안 같은 감정은 파도처럼 왔다가 파도처럼 밀려가거든요. 순간순간 또 다른 감정이 들어오고요. 환경이나 내 경험이 계속 바뀌잖아요. 그에 대한 반응으로 감정을 느끼기 때문에 한 감정이 영원히 지속되지는 않는다는 거죠. 사실 그 공간이 객관적으로 안전하다면 거기 머물면서 불안이 감소하는 경험을 하는 게 바람직한데요, 그렇게까지 자신을 고통스럽게 밀어붙이는 게 맞나 싶을 수도 있죠. 그렇다면 자신의 가치관에 따라서 이사하는 것도 하나의 방법이 된다는 거죠.

김진주 예전에 만났던 피해자분 중에 한 분은 교제범죄피해자였어요. 그분은 직장에서 전 연인에게 칼에 찔리고 몽키스패너로 머리를 맞으셨대요. 그래서 직장 동료들을 생각하면 이런저런 스트레스가 너무 심한 거예요. 휴직 기간에 동료들이 일을 대신 해주다 보니 죄책감에 복직을 서두른 거죠. 하지만 이후에 오히려 PTSD가 더 심해져서 입원 권유까지 받았다고 하더라고요. 괜찮지 않은 게 정상인데 계속 동료들한테 괜찮은 척하려다 보니 악화된 거죠.

최윤경 그러니까 다양한 반응들이 당연하게 받아들여져야죠. 안 괜찮아도 괜찮고, 어떤 반응도 괜찮다는 식으로요.

김진주　저한테도 크게 도움 됐던 말이 '당연하다'라는 말이었거든요. 정신건강의학과 선생님과 많은 얘기를 하곤 하는데 그때마다 "당연한 거예요"라고 말씀하시니 내가 유별난 게 아니라는 걸 알게 돼서 좋았어요.

최윤경　저는 굉장히 힘들어하는 분들을 만나와서 그런지, 김진주님의 이야기가 좀 신기하게 느껴져요. 역경이나 트라우마를 겪고 나서 다양한 반응을 보이는데, 많은 분이 자연스럽게 회복되기도 하지만, 일부는 더 안 좋아져서 PTSD 같은 마음의 병이 생기기도 하고요. 고통스럽기는 했지만 그 전의 삶과 비교해보면 질적으로 다른 삶을 살게 되기도 하고요.

김진주　맞아요. 저도 사건 당시 피를 엄청나게 흘렸고 사실 방치됐으면 죽었을 수도 있거든요. 그런데 죽음이란 게 한 치 앞까지 다가왔었다고 생각하니까 하루하루를 가치 있게 살아야겠다는 생각을 한 거죠. 원래 저는 대학생 때 과탑을 하고 장학금도 받고 우수한 사람이라는 평가를 받았었는데 뭔가 점점 평범해지고 있었거든요. 결국 순응하고 있던 중이었어요. 흐르는 대로 가자. 시간에 맡기자. 그런데 사건이 있고서는 어떻게든 시간을 알차게 써야겠다고 생각해요. 20년이라는 유통기한이 부여된 사람이라고 생각하니 오히려 더 행복해진 것 같아요. 질적으로 오히려 좋아졌어요. 처음에는 울기도 하고 버스킹을 보러 다니기도 하고 술도 먹고 흐름에 맡겼다면, 보복 협박을 받고부터는 내가 그 흐름을 만드는 사람이 된 거죠.

최윤경　그런 경험을 '외상 후 성장'이라고 해요. 일상에서 흔히 겪는 스트레스 사건이 아니라, 극심한 스트레스나 외상을 겪은 후에 질적으로 다른 삶을 살게 되는 것을 말해요. 삶의 철학과 가치관이 달라지는 경험을 하는 거죠. 우리는 평소에 죽음을 별로 생각하지 않고 살잖아요.

김진주　"죽고 싶다." 이런 말은 절대 안 하게 되었어요.

최윤경　죽을 뻔한 일을 겪으면 그전에는 중요했던 것이 이제는 덜 중요해질 수도 있고 새로 중요한 가치가 생기기도 하고요. 이렇게 인생의 철학이 바뀌는 거예요. 삶의 우선순위도 바뀌고요. 그리고 내가 이렇게 힘들 때 도와줬던 사람들에게 감사한 마음을 느끼게 되고요.

김진주　맞아요. 그것도 컸던 것 같아요. 조력자들이 많았죠. 언론인 분들도 그랬지만 제 주변에 지지해주는 사람들이 많았기 때문에 더 빨리 회복됐던 것 같아요. 일단 남자친구가 그랬고, 환자 취급하지 않고 평범하게 대해준 가족들 덕분이기도 해요.
지인들도 저를 피해자로만 보지 않아서 좋았어요. 제 평범한 일상을 공유했더니 저를 유별나게 보지 않더라고요. 정말 주변 사람들이 중요한 것 같아요.

최윤경 사회적 지지가 중요하죠. 이렇게 삶의 철학이 바뀌면서 새로운 삶을 시작하게 되는 것을 '삶의 보너스'라고 표현하기도 하거든요. 새로운 삶을 얻었다는 감각으로 이 시간들을 정말 가치 있게 써야겠다, 이런 생각이 든다고 해요. 그런 변화도 경험하신 것 같네요.

김진주 저도 예전에는 시시콜콜 따지고 들었는데 지금은 우선순위만 먼저 봐요. '여기서 제일 급한 게 뭐지?'라고 질문하는 게 도움이 많이 됐고요. 친구들도 많이 달라졌죠. 저는 열심히 사는 사람을 좋아하거든요. 요즘은 그런 사람들을 주로 사귀고요. 가치관이나 사람을 만나는 기준이 많이 달라졌어요.

최윤경 그런데 정신과 치료를 꺼리는 사람도 있잖아요.

김진주 정말 많죠. 저는 잠을 잘 못 자서 꾸준히 진료를 받아야만 했는데, 정말 도움을 많이 받았어요. 어느 순간부터 회복된 제 모습을 보면서 "괜찮아 보여서 다행이네요"라는 사람들의 말이 불편했는데 정신건강의학과 선생님께 "제가 괜찮은 게 이상한 건가요?"라고 물어볼 수 있었어요. 선생님은 제가 약을 안 끊고 꾸준히 치료를 받아서 더 빨리 회복된 것 같다고 하셨어요.

최윤경   정신과 치료든, 심리 치료든, 범죄피해자들에게 도움이 될 텐데 많은 분이 이걸 꺼리세요. 혹시 그분들한테 한마디 하신다면요?

김진주   정신과는 가시냐고 물어보면 대부분 안 간대요. 정신의학과를 가는 건 치료 목적도 있지만, 진료 기록이 증거가 되기도 하거든요. 증거를 남기려면 가야 돼요. 사실 정신은 겉으로 티가 안 나기 때문에 의학적으로 소견서를 안 적어놓으면 제가 괜찮지 않다는 걸 증명할 방법이 없어요. 게다가 치료를 안 받아서 증상이 심해진 뒤에 가면 처방받는 약이 감당할 수 없을 만큼 많아진단 말이에요. 그래서 증상이 두드러지지 않아도 빨리 가는 게 맞다고 생각해요.

최윤경   성폭력 피해에 대해서도 이야기 나눠보고 싶어요. 김진주님은 자신이 성범죄자 피해자인 것을 스스로 밝히셨어요. 용감한 사람만이 흔히들 약점이라고 생각하는 걸 이렇게 꺼내 보여줄 수 있는 것 같아요. 신체적인 폭력과 마찬가지로 성폭력도 강자가 약자한테 가하는, 성을 매개로 한 폭력이거든요. 그러니까 신체 폭력과 마찬가지로 자신이 뭘 잘못해서 겪는 게 아닌 거죠.

김진주   사실 너무 부끄러웠어요. 사건의 쟁점을 다 파악하려면 항문 출혈에 대해 이야기해야 했고, 바지가 벗겨져 있었다거나 음모가 보였다는 등의 구체적인 사실을 남들에게 다 말해야 한

다는 스트레스가 있었죠. 그럼에도 불구하고 어쩔 수 없다고 생각했어요.[5]

최윤경 이야기할 수 있는 용기가 있었죠. 강자만이 할 수 있는 일이에요.

김진주 사건을 알고 나서는 가해자를 계속 우습게 보려고 애썼던 것 같아요. 아휴, 겁쟁이네. 가소롭고 딱한 인간이구나. 가해자를 하찮게 여기고 나니까 좀더 괜찮아진 것 같기도 하고요. 회피하다 보면 사건의 진실에 대해서는 잘 알려고 하지 않는데 저는 오히려 너무 자세히 알다 보니 빨리 치료된 것 같아요.

최윤경 심리 지원 중에서는 도움이 됐던 게 있나요?

김진주 사건을 눈치 보지 않고 얘기할 수 있는 상대가 있다는 건 참 행운인 것 같아요. 부산여성의전화랑 2심 때쯤 연계됐는데 다른 피해자분들이랑 만나서 도자기도 만들고, MBTI나 자기 스스로에 대해 이야기했던 것도 도움이 됐고요. 피해자분들의 즉각적인 피드백도 아주 좋았어요. 또 어떤 분은 "제가 이

---

5 성폭력 피해를 인지한 다음, 피해자는 충격과 혼란을 경험하고 수치심을 느낄 수 있다. 그런 상황에서는 성범죄가 발생했음을 증빙하고 범인을 검거하기 위한 우선 조치로, 112에 즉시 신고한 다음 증거물을 채취하는 것이 필요하다. 목욕이나 샤워를 하지 말고 옷(속옷 포함)을 갈아입지 않고 음료수나 음식물도 먹지 않으며 가능하면 대소변을 참고 즉시 가까운 해바라기 센터(원스탑센터)를 방문하면 도움을 받을 수 있다.

렇게 웃어도 되는지 몰랐어요"라고도 말했거든요. 사람들은 범죄피해자들과 함께 있으면 불쌍하고 불행하고 침울할 것 같다고 생각하지만 우리는 꽤 즐겁게 지낼 때도 있거든요. 그런 게 너무 좋았고요. 결국 범죄피해자도 보통 사람이라는 걸 느끼면서 회복이 빨라졌던 것 같아요.

최윤경 자신의 삶을 사는 거니까요.

김진주 맞아요. 범죄피해를 입으면 별종이라고 생각하고 특수하게만 여기지만, 전혀 그렇지 않다고 생각할 수 있어서 좋았어요.

최윤경 예술 작업도 하시더라고요.

김진주 저는 목적의식이 있을 때 손이 엄청 빨리 움직이거든요. 그게 이제는 '범죄피해'와 관련된 일로 맞춰진 것 같아요. 범죄피해와 관련된 좋은 아이디어가 생각나면 다른 일 접어두고 일단 해야 돼요. 결과물이 좋으면 기분이 좋고요. 게다가 남들을 도울 수 있다는 게 너무 좋아요.

최윤경 명상과 호흡도 추천해요. 책 『마음건강안내서』 10쪽의 QR 코드를 찍으면 동영상으로 연결되는데요. 불안하고 각성된 상태에서 우리는 숨을 잘 못 쉬게 되거든요. 그럴 때 몸을 이완하기 위한 가장 쉬운 방법 중 하나가 천천히 숨 쉬는 거죠. 영상에서 복식호흡 같은 걸 가르쳐주는데, 일단 팔다리 긴장을 풀고 어깨도 좀 움직여보고, 그다음 배 속에 풍선이 들어 있다고 생각하는 거예요. 공기를 코로 들이마시고 가슴을 쭉 펴서 배에 풍선이 들어간 것처럼 부풀려요. 그다음 후 하고 내쉬면 풍선이 쪼그라들면서 공기가 나가요. 숨 쉬기가 내 마음대로 안 될 때 천천히 숨 쉬는 것부터 해보길 바라요.[6]

김진주 제가 늘 긴장 상태에 있거든요. 이를 꽉 깨물고 있거나 다리를 떨거나…… 항상 초조하거든요. 늘 무언가가 급해요.

최윤경 천천히 숨 쉬는 걸 평상시에 연습하면 좋을 것 같아요. 그리고 이 책에서 '금고에 봉인하기' 같은 것도 고통스러운 기억이 불쑥 떠오를 때 도움이 되는 방법이에요.[7]

사람에 따라 기억만으로도 굉장히 고통스러울 때가 있거든요. 그럴 때는 잠시 그 기억을 금고에 넣고 자물쇠로 잠그는 상상을 하는 거예요. 그리고 나비포옹이라고, 손을 가슴 위로 교차시켜서 왼쪽, 오른쪽을 토닥토닥……[8]

김진주 아, 스스로 칭찬도 많이 해요. 잘했네 이러면서. 그것도 도움

---

[6] 보건복지부 국립정신건강센터의 유튜브에서 '마음 안정화를 위한 복식훈련 기법' 동영상을 통해 복식호흡을 배울 수 있다. https://youtu.be/qkDjMJkLxIo?feature=shared.

[7] 행정안전부 유튜브 채널 안전한TV에서 '떠올리고 싶지 않은 기억을 가둘 수 있게 도와주는 컨테이너 기법-심리안정화 기법' 동영상을 통해 봉인 기법을 배울 수 있다. https://youtu.be/FBWXdSu53W8?feature=shared.

이 된다고 하더라고요.

최윤경   그럼요. 그리고 위험한 상황에서는 보통 싸움 또는 도주 반응이 나타나는데, 싸울 수도 없고 도망갈 수도 없으면 해리 반응, 즉 얼어붙는 반응이 나타나거든요. 몸이 얼어붙을 때는 현실 감각을 되찾을 수 있는 방법이 필요해요.
여러 방법이 있지만 촉각 같은 거, 몸에서 느껴지는 감각을 경험해보면 좋아요. 헝겊이나 책상을 만지는 느낌이나 엉덩이가 의자에 닿는 느낌, 등이 의자 등받이에 닿는 느낌을 감각하는 것도 좋아요.[9]

김진주   음미하는 거군요.

최윤경   네. 감각 경험은 '지금 여기'를 느끼는 거라서 해리 상태에서 조금 돌아오게 만들거든요. 엄지발가락에 힘을 꽉 주고, 발가락을 꼼지락꼼지락해보면서 지금 여기의 현실로 돌아오는 방법이에요. 또 좋아하는 차를 음미하면서 마시는 것도 도움이

---

[8] KTV 국민방송 유튜브 채널에서 '스트레스·트라우마는 가라! 스스로를 지키는 안정화 기법&마음프로그램(복식호흡, 나비포옹법 등)' 동영상을 통해 복식호흡과 나비포옹법을 배울 수 있다. https://youtu.be/bkjdJvY-q70?feature=shared.

[9] 행정안전부 유튜브 채널 안전한TV에서 '현실감을 찾아주는 감각 알아차리기 연습법-심리안정화 기법' 동영상을 통해 현실감을 되찾는 방법을 배울 수 있다. https://youtu.be/MnOXrkM3eE4?feature=shared.

돼요.

김진주 많은 피해자분이 바보 같을 정도로 남한테 베푸시더라고요. 그러면 제가 "더럽게 이기적으로 살아보세요"라고 이야기하거든요. 주변을 너무 배려하면 자신을 놓치는 것 같아요. 그래서 일단은 본인을 먼저 파악하는 게 중요하고요. 그분들은 빨리 재판부터 정리하려 하시는데, 저는 오히려 수첩 하나 사서 좋아하는 것과 싫어하는 것부터 적으라고 해요. 그러고 나서 몸이 건강해진 뒤 그때부터 다른 걸 신경 쓰라고요.
한편 제 주변에는 자살사고를 가진 피해자분도 많거든요. 사실 저는 제 가족 중 한 분이 자살로 세상을 떠났기 때문에 주변 사람들이 얼마나 고통스러운지 알다 보니 절대 생각도 안 하고 싶은데, 피해자들의 심리를 잘 모르겠는 거예요. 어떻게 터닝포인트를 만들어줘야 할지 잘 모르겠어요. 결국 병원에 가야 하는 문제 같기도 하고요. 어떻게 해야 이 사람들을 조금 덜 시달리게 할 수 있을까 고민하는 것 같아요.

최윤경 본인의 잘못이 아니어도 언제든 트라우마를 겪을 수 있는 거고요. 그렇지만 자기 삶을 가꾸어나가는 건 결국 각자의 몫이에요. 살아야 하는 이유를 찾아야만 하죠. 물론 그게 쉽지는 않더라도요.

김진주 요즘 제가 제일 많이 권유하는 건 글쓰기예요. 수첩 사서 좋아하는 거, 싫어하는 거, 잘하는 거, 못하는 거 다 적으세요.

그렇게 말해요.

최윤경 좋은 방법 같아요. 그리고 국가 트라우마센터에서 만든 애플리케이션이 있어요. 마음 프로그램 애플리케이션에는 교육적인 내용도 들어 있으니까 나중에 들어가보세요.[10]

---

10 마음 프로그램은 트라우마에 대한 교육과 안정화 기법으로 구성된 애플리케이션으로, 스트레스 반응을 조절할 수 있는 안정화 기법을 배우고 훈련하여 심신의 안정을 돕는 프로그램이며, 애플리케이션 스토어에서 다운받을 수 있다.

2장

제대로 된 심판

나는 피해자다

우연히 서울에서 피해자를 지원해준다는 연락을 받아 간 적이 있었다. 상담사분께 보복에 대해 얘기했더니 피해자들이 다 걱정하는 거라며, 그런 일은 절대 없을 거라고 멋쩍게 웃어 보이셨다. 난 가해자가 무서운 게 아닌데 오해를 하시는 것 같았다. 가녀린 여자를 뒤에서 공격하는 자가 뭐가 무섭겠는가. 비겁하기 짝이 없었다. 나는 내가 죽을 수도 있다는 가능성이 무서운 거지 그자가 무서운 게 아니었다. 그냥 죽긴 싫었다. 나를 보호할 수 있는 방법들을 검색해야 했다.

뒤에서 당했다 보니 호신용품은 아무 쓸모가 없었다. 호신술 전문가들은 최적의 호신술이 '도망'이라고 말했다. 그래서 도망갈 수 없는 상황에서 재빠르게 내 몸을 보호할 수 있는 '쿠보탄'을 샀다. 동물의 뿔처럼 생겼는데 너무 흉악해 보여서 정말 필요할 때만 꺼내야 할 것 같았다. 내 주머니엔 항상 쿠보탄이 들어 있었고, 많이 불안할 땐 볼펜을 손에 꼭 쥐고 살았다.

사각지대의 확인할 수 없는 7분 때문이었을까, 내가 만약 죽임당한대도 증거를 남겨야겠다 싶었다. 그래서 뒤도 찍을 수 있는 블랙박스를 찾기 시작했다. 그런 제품은 없을 줄 알았더니 보안요원이나 공무원들이 사용하는 넥밴드형 360도 카메라가 있었다. 값이 꽤 나갔지만 내 목숨보다야 비쌀까, 바로 구매했다. 블루투스 이어폰이랑 비슷하게 생겨서 밤에 불안할 때마다 꼭 켜고 다녔다. 그저 증거를 남기는 장치인데도 크게 안심됐다. 사각지대로 인한 피해는 더 이상 일어나지 않을 테니까. 돈 많이 벌어서 경호원을 고용해야겠다는 생각도 했다. 더는 가족과 지인들의 걱정을 사기 싫었다. 사건 이후로 "괜찮아?"라는 질문을 수천 번은 들었으니까. 괜찮아 보이려고 나 스스로도 애를 썼다. 취미도 여러 개 만들고 부모님이 언제나 내 위치를 확인할 수 있도록 위치추적기도 지니고 다녔다.

그런데 괜찮아 보이는 게 결코 능사가 아니었다. 힘든 티를 안 내다 보니 가장 가까운 사람들조차 내가 정말 괜찮은 줄 알았던 것이다. 6년째 사귀던 남자친구랑 가장 크게 싸웠던 것도 그 이유에서였다. 종일 긴장하며 걸어다녔기 때문에 집에만 들어오면 녹초가 됐다. 집은 정리하지 못한 물건들로 너저분했고,

빨래와 설거지는 산처럼 쌓여 있었다. 내가 정말 괜찮은 줄 알았던 남자친구는 지저분한 집을 이해하지 못하고 짜증을 냈다. 그때 처음으로 병원이 아닌 데서 펑펑 울었다. "나 사실 괜찮지 않아!" 벌거벗은 듯한 기분이었다. 나도 모르고 있던 내 상태를 다툼 중에야 알게 된 것이다. 남자친구는 화들짝 놀라 나를 토닥여줬다. 내심 본인도 여자친구가 이런 일을 당했으니 스트레스가 많았을 거다. 얼마나 많은 사람에게 질문을 받았겠나. 나조차 지인들에게 매번 듣던 질문이 "남자친구는 뭐래?"였다. 내가 묵묵히 내 곁에 있어준다고 하면 지인들은 "나 같으면 그 새끼 바로 죽이러 간다"라고 했다. 남자친구 역시 그런 얘기를 오죽 많이 들었겠는가. 하지만 그런 복수는 어느 누구에게도 통쾌하지 않다. 가해자를 죽이러 가면 연애는 어떻게 하고, 결혼은 어떻게 하겠는가. 사람들의 과장된 말들이 그를 얼마나 힘들게 했을까. 이런 일을 겪게 해서 미안할 뿐이었다.

   CCTV 영상을 받기 전에 '네이트판'에 올릴 글도 준비됐다. "12년 뒤에 저는 죽습니다." 드디어 이 글을 세상에 공표할 수 있다니. 속이 시원했다. 너무 오랜 시간을 기다렸다. 왜 12년 뒤에 죽을 것 같은지 써내려갔다. 나는 정말 12년 뒤에 죽을 거라고 생각했다. 최대한 쉽게 쓰려고 덜어내고 또 덜어냈다. 사건을 잘 모르는 사람들도 이해할 수 있게 하기 위해서였다. 지금 생각하면 나도 참 특이했던 게, 지인에게 돌려차기를 당하는 나를 그려달라고 했다. 이번만큼은 글이 갑자기 삭제되지 않도록 덜 자극적으로 쓰기도 했다.

이유도 모르게 갑자기 내려졌던 지난 글과 달리 이번 글은 반응이 뜨거웠다. 공론화하길 잘했다고 생각한 것도 바로 이 순간부터였던 것 같다. '네이트판'에서 내 글이 실시간 1위를 하던 날, 범죄피해자 지원실에서 연락이 와서는 당장 내일 오라고 했다. 언제는 면담 날짜도 다음 달에 전화해서 정하라더니, 허무하면서도 기뻤다. 공론화해서 얻을 수 있는 건 나를 상대하는 직원들의 태도인 것 같기도 하다. 드디어 부모님에게 돈을 갚을 수 있다는 생각도 들었다.

드문드문 기자님들에게 연락이 오긴 했지만 글을 올리고부터는 정말 휴대폰을 손에서 놓지 못했다. 기자님들은 범죄피해자의 목소리를 듣고 싶어 했다. 일시적으로 자신의 피해를 얘기하는 피해자는 있었지만 이렇게 지속적으로 알리려는 사람은 없었다. 어디든 가리지 않고 인터뷰를 승낙했다. 기다려보자는 얘기만 들었던 1년의 세월을 견디고 나니, 이 제안들이 감사하게만 느껴졌다. 내가 정말 운이 좋았던 건지 만나는 기자님마다 진심을 다해 내 이야기에 귀 기울여주셨다. 피해자의 이야기를 듣고 싶었지만 대체로 그럴 수 없었기에 가해자에 대한 기사나마 자극적으로 써서 엄중한 처벌이 내려지길 바랐다는 걸 그제야 이해할 수 있었다.

그리고 마침내 영상 자료를 받았다. 폭행 장면보다 7분 동안의 복도 영상을 자세히 봤다. 그중에서도 난 현관문에 비치는 반사면에 집중했다. 남들이 보진 못했으나 현관문 유리에 뭐라도 비치지 않았을까 싶었는데, 잘 보이지도 않고 영상도 일부뿐이었다. 아쉬웠지만 어쩔 수 없었다. CCTV 영상이 확보된 순간부터는 일이 술술 풀리기 시작했다. JTBC 뉴스, MBC「실화탐사대」와 촬영했다. CCTV라는 확실한 도구를 가지고 부리나케 달렸다. 프리랜서일 때보다 더 바쁜 일상을 보냈다. 가족들의 인터뷰가 필요하다고 하면 언니가 도와줬다. 아빠는 일 때문에 여유가 없었고, 엄마는 차마 힘들어서 인터뷰를 못 하겠다고 했기 때문이다. 매번 언니한테만 부탁하니 농담 삼아 출연료는 없냐며 툴툴댔다. 처음엔 이호진 기자님한테 CCTV 영상을 보여주는 게 죄송스러웠다. PTSD를 일으킬 수 있는 영상을 미디어에 공개하는 게 맞을까 싶어 마음이 착잡했다. 고민할 시간이 필요해서 기자님께도 조금만 기다려달라 부탁했다. 그러다가 병원에서부터 느꼈던 사람들의 반응이 기억났다. 설명을 수백 번 해도 이해 못 하겠다는 사람들의 반응들. 이상동기 범죄? 무차별 범죄? 이유가 없는 폭행을 이해할 수 있는 사람은 없었다. 더 이상 이런 상황을 다른 피해자들이 겪지 않길 바라며 공개를 결심했다.

　포렌식 검사 결과도 정리해보려고 파일을 열었다가 또 머리를 한 대 맞은 것 같았다. 가해자는 도주하는 동안 수차례 '부산 부전동 살인 사건' '부산 강간 사건'에 대해 검색했다. 어이가 없었다. 어떻게 이걸 놓치지? 경찰은 뭐 한 거래? 가해자가 검색했던 단어들은 거의 자백에 가까웠다. '갤럭시 GPS' '서면 실시간 사건' '서면 묻지 마 폭행' '서면 ○○○ 살인 사건' '기절할 때 오줌 싸는 이유' '머리 과다출혈 사망' '토막 유기'까지. 가해자는 진술 당시 형사가 왜 이런 내용을 검색했냐고 물으니 관련 형량이 궁금했을 뿐이라고 답했다. 형사는 답변을 곧이곧대로 듣곤 그냥 다음 질문으로 넘어갔다. 이때만큼은 기억을 지운 나 자신이 싫어졌다. 범죄피해 PTSD 중 해리성 기억상실 장애는 굉장히 흔한 증상인데, 어떻게 경찰은 그런 피해자를 대신해 사실관계를 파악해보지도 않은 걸까. 범죄피해 PTSD 증상도 고려하지 않는 수사 체계는 고쳐져야 했다. 기억을 잃어버린 피해자가 무슨 수사에 혼선을 줄 거짓말을 한다고, 조금도 사건 기록을 알려주지 않은 사법 체계가 원망스러웠다. 아무리 피해자에게 기억이 없어도 그렇지, 어떻게 가해자 말만 믿고 넘어갈 수 있지? 왜 이렇게 수사와 재판은 기울어져 있을까. 기억을 잃으면 철저히 피해자의 손해구나. 기억해내라고 내 머리를 두들겼다.

모든 과정에서 피해자는 빠져 있었다. 이 사건은 내가 없으면 일어나지도 않았을 텐데. 내가 뭔가 알고 싶다고 말하면 법원 직원들은 마치 교육이라도 받은 듯이 한목소리로 말했다. "피해자는 사건의 당사자가 아니에요." 알아서 잘해주겠거니 하고 지나갔다가는 피해자들이 모른 채로 당하겠다 싶었다. 가해자가 얼마나 말도 안 되는 양형 기준으로 감경되는지도 당연히 모를 거다. 관계자들과 마주할 때면 난 그저 그들에게 업무인 것 같았다. 내겐 인생이 달린 문제인데. 씁쓸했다. 피해자만큼 사건 해결에 매달리는 사람은 없다는 걸 깨달은 날이었다. 그런 허탈함에 푹 젖어 있던 나는 머리를 털며 정신을 차리려 애썼다. 그게 중요한 게 아니야, 다른 피해자를 구해야 해. 1268장에서 중요해 보이는 곳은 다 엑셀에 기록했다. 사건 기록을 헤집다 보니 군데군데 찢어져 너덜너덜해졌다. 그렇게 사건을 씹어 먹었다. 이호진 기자님도 나와 마찬가지로 사건을 해부하고 계셨는데, 영상을 여러 차례 보니 가해자가 건물에 들어올 땐 네모난 갑이 담긴 봉투를 들고 있는데 나갈 땐 빈손이었다고 했다. 그래서 이동 경로에 있던 편의점에 가서 사정사정하며 구매 이력을 확인해보려 했으나 CCTV도 구매 이력도 아무것도 남아 있질 않았다.

JTBC에서 기사가 보도되기 며칠 전, 가해자가 자살을 시도했다는 얘기를 지현님에게 들었다. 맙소사, 순간 멍해졌다. 목숨을 포기할 인간이 아닌데, 거짓말이겠지. 하지만 확인할 방법이 없었다. 지금 죽으면 안 되는데, 죗값은 다 치르고 죽어야지. 그렇게 손쉬운 선택을 하면 안 됐다. 오히려 이 세상에서 누구보다도 가해자가 살기를 바라는 사람은 나였다. 알고 보니 가해자가 자살 소문을 낸 것이었다. 다사다난한 저녁을 지새우며 가해자가 살아 있어서 다행이라며 나도 다시 투지를 불태웠다.

11월 30일, JTBC에서 단독 기사로 CCTV 영상이 공개됐다.

JTBC 「사건반장」에서도 사건을 다뤄보고 싶다는 연락이 왔다. 다른 시사 프로그램들은 일주일에 한 번 사건을 집중적으로 다룬다면, 「사건반장」은 본격 시사 프로그램이었다. 반성한다는 이유로 8년이나 감형된 것과 잔인한 CCTV 영상, 이 둘은 전혀 어울리지 않았다. 뉴스를 본 모든 이가 충격을 받고 분노했다. 하지만 나는 여전히 진실에 가까이 다가가지 못했다는 느낌에 유튜브 댓글까지 모조리 챙겨 봐야 했다. 혹시나 제보가 있을지도 몰랐다. '폭행'이라는 유튜브 재생 목록을 만들어서 '부산 돌려차기 사건'을 다룬 영상들을 추가했다. 그러다가 유튜브 채널 김원TV에서 내 사건을 다룬 것을 보게 됐다. 평소에도 챙겨 보던 채널이 '부산 돌려차기 사건'을 다루니 괜히 반갑기까지 했다. 느낌이 묘했다. 또 제보가 있을까 싶어 댓글들을 훑어보다가 문득 새삼 달라져 있는 내 모습을 발견했다. 잘못된 댓글이 있으면 속상해하던 내가 이젠 '넌 안 봤잖아, 1268장'이라며 속으로 비웃고 있었다. 속상해할 필요가 없었다. 이런 사람들은 알려고 하는 의지조차 없는 부류니까. 그렇게 나 자신부터 설득하고 나니 작정하고 괴롭히려는 악플러들의 댓글은 날 흔들지 못했다.

본격적인 공론화 이후 나를 응원하는 사람이 생각보다 많다는 걸 깨달았다. 첫 보도에는 많은 정보가 생략되어 있기에 현명한 사람들은 정확한 보도가 나올 때까지 댓글을 적지 않는다. 아니면 그저 묵묵히 지켜보며 응원을 보낸다. 그래서 온라인에는 진심으로 응원하는 사람보다 진심으로 헐뜯는 사람이 더 많다. 하지만 공론화를 하고서는 응원 댓글이 훨씬 더 많아졌다. 사람들이 응원을 보내는 데에도 시간이 필요했을 뿐이라는 걸 깨달았다. 여전히 악플러는 존재하지만 이제 나는 그들의 시선 따윈 신경 쓰지 않기로 했다. 피해자들이 겪는 이 부조리한 현실을 바꾸는 게 더 중요하니까. 이즈음 한창 드라마 「더 글로리」가 흥행했는데 나는 너무 비현실적인 거 아니냐며 혀를 찼다. 범죄피해자가 복수를 한다고? 수사 체계나 사법 체계의 부재에 대해서는 나도 공감했지만 복수라니, 말이 안 됐다. 재력이나 인맥이 있어야 가능한 일 같았다. 누군가는 사건의 공론화가 복수라고 하지만 나는 그렇게 생각한 적이 단 한 번도 없었다. 내가 겪은 고통이 무엇으로 환산 가능하겠는가. 다만 있는 그대로의 죗값을 받게 하고 그날의 진실을 밝히고 싶을 뿐이었다.

피해자라면 회복에만 신경 쓰면 될 줄 알았는데 언론, 미디어, 변호사 등 신경 쓸 것투성이였다. 사실 피해자는 사법 체계에서 할 수 있는 게 많지 않다. 사건 열람도 어렵고 방청석에나 앉아 있을 수 있으니까. 그 와중에 변호사와도 문제가 있었다. 다른 사건에 비해 피해자가 직접 처리하는 게 많다 보니 변호사 입장에서는 편할 거라고 나는 생각했다. 그런데 변호사에게 궁금한 게 있어서 카톡을 보내도 2주 동안 답이 없었다. 곧바로 답장하길 원한 건 아니지만 2주 동안 연락이 안 되는 건 나도 당황스럽다고 조심스레 얘기했다. 돌아온 답변은 이랬다.

"수차례 설명해드렸는데, 제가 계속해서 같은 질문에 답을 드려야 하나요?"

나는 내가 하는 질문들이 다 같은 내용인 줄 몰랐다. 나는 법조인이 아니지 않은가. 다들 그래서 변호사를 선임하는 거 아니었냐고. 괜히 스트레스만 더 받는 것 같았다.

법조인과 왈가왈부할 깜냥 따윈 없었고 돈은 안 돌려줘도 되니 혼자 싸우는 게 낫겠다 싶었다. 그러다가 법률 지원을 해주고 싶다는 분이 나타났다. 김원TV에서 내 사건 영상을 보고 변호를 도와주고 싶다는 법률사무소가 있다며 얘기 한번 나눠보겠냐고 김원님께서 물으셨다. 나는 더 이상 돈을 지불하기도 부담스럽고 피해자로서 할 수 있는 건 제한적이었기에 굳이 변호사가 필요할까 싶었다. 그래도 전화는 한번 해보겠다고 했다. 빈센트 법률사무소 운영 책임자인 홍태의님은 지금 내가 얼마나 힘든지 잠깐의 통화로도 눈치챈 듯했다. 그러면서 본인이 겪은 얘기를 들려주셨다. 자신은 고유정 의붓아들 사건의 유가족이라며, 아들이 고유정의 손에 죽고 나서 자신 역시 몹시 힘들었다고 했다. 그래서일까. 범죄피해자에 대한 이해가 남다르신 듯했다. 어떻게 변호해야 할지 확신에 차 있었고, 확실히 도울 수 있다며 무료 변론을 해주겠다고 했다. 망설일 이유가 없었다. 1심 변호사에게 사임계를 내달라고 했다. 돈은 돌려주지 않아도 된다고 했다. 피해자가 변호사와 싸워서 이길 수가 있을

리 없다고 생각했다. 그렇게 빈센트 법률사무소와 2심을 시작하게 됐다.

 심판의 시간이 다가왔다. 판사가 아닌 내가 그를 판단해보리라. 정말 8년을 감형할 만큼 반성한 건지 확인해야 했다. 2심 재판부에 상고이유서를 확인하기 위해 피해자 열람 기록 복사를 신청했다. 며칠이 지나고 승인돼 확인할 수 있었는데, 반성은 무슨, 중상해 판례를 열심히 모은 모양이었다. 그리고 상고이유서에는 이렇게 적혀 있었다.

 저의 착각과 오해로 일면식도 없는 사람을 묻지 마 식으로 상해를 가한 것에 대해 깊이 잘못을 느끼고 있지만 상해에서 중상해 살인미수까지 된 이유도 모르겠고, 어떤 일이든 마땅한 처벌을 받는 것이 마땅하지만 저와 비슷한 묻지 마 범죄의 죄명, 형량도 제각각인데 왜 저는 이리 많은 징역을 받아야 하는지 모르겠습니다. 전과가 많다는 게 이유라면 저는 그에 맞게 형을 다했습니다.

 1심 판사님, 보고 계시죠? 반성이요? 반성했던 마음이 항소할 때는 다시 바뀌는 걸까요? 개소리도 참 정성껏 한다 싶었다. 하긴 재판을 받는 와중에도 헤어진 여자친구에게 보복 편지를 쓸 정도면 알 만했다. 항소이유서에서 반성의 기미는 조금도 찾아볼 수 없었다. 이런 잡범을 상대해야 한다니 힘이 빠졌다. 그다음 구절을 읽고 나는 폭발했다.

피해자분은 회복되고 있으며 1심 재판 때마다 방청을 왔다고 변호사님에게 들었으며, 말도, 글도 잘 쓰는 것 보면 솔직히 진단서, 소견서, 탄원서 하나로 '피해자'이기에 다 들어줄 수밖에 없는 것 아니겠습니까? 검찰 역시 제가 성폭력을 저질렀을 것이라고 끼워서 맞추고 짜맞췄지만 결국 아무런 흔적, DNA가 안 나온 것처럼, 되면 되고 안 되면 마는 식은 아닌 것 같습니다. 존경하는 재판장님 제가 저지른 잘못은 정말 처음부터 끝까지 인정합니다. 하지만 살인미수 형량 12년...... 너무합니다.

회복? 어떤 회복도 돕지 않은 사람이 감히 회복이라는 말을 꺼낸다고? 심지어 난 1심에서 감정적이었던 적이 단 한 번도 없었다. 감정적으로 굴면 내 말을 안 들어줄까봐서였다. 친구들이 불쌍한 척 좀 하라고 말할 만큼 나는 내 사건에서만큼은 이성적이었다. 어디에도 내 편이 되어달라고 호소한 적 없는데 의사, 변호사, 검사를 피해자와 짜고 친다고 엮어버리다니. 그때부턴 증오심으로 움직였다. 분노는 나를 더 강하게 만들 뿐이었다. 매일 사건번호를 검색하고 반성문이 접수되어 있으면 바로 탄원서로 맞받아쳤다. 내가 아직 괜찮지 않다는 첨부 서류들을 잔뜩 냈다. 검찰에서 피해자 탄원서만 받아봤더니 책 한 권이 나왔을 정도라고 했다.

주변 사람들의 시선 따윈 중요하지 않았다. 그 더러운 입을 꿰매놔야 했다. 항소이유서를 인스타그램에 올리고 나니 인터뷰 요청이 빗발쳤다. 누가 봐도 반성하지 않는 내용임이 증명됐다. 더 짜증 났던 건 심지어 가해자가 두 번이나 재판 당일 불출석했다는 사실이다. 가해자가 당일 불출석한다는 걸 피해자가 알 방법은 없다. 그렇게 내 소중한 지인들의 시간을 낭비해야만 했다. 구치소에서 조금이라도 더 오래 있으려는 가해자의 얄팍한 전략이었다. 시간을 끈다면 불리한 건 가해자일 뿐이었다. 내게 맞받아칠 시간을 더 벌어줬으니.

범죄심리학자 이수정 교수님의 유튜브 채널에서도 연락이 왔다. 「그것이 알고 싶다」에서 자주 봤던 범죄심리학자의 목소리를 직접 들을 수 있다니 떨렸다. 거침없는 질문에 내가 당황하면 그 교수님은 그런 나를 천천히 다독여주었다. 방송에선 늘 날카로운 전문가의 모습만 볼 수 있었지만, 실제로는 친근하고 유쾌한 분이었다. 마지막으로 해주신 말씀은 '살아 있기에 바꿀 수 있다'였다. 뭉클했다. 사법 체계를 바꾸려고 시작한 일이었던 만큼 무척 인상 깊은 말이었다. 그날 내 거울에 그 문장을 화이트 마커로 적은 뒤 집에서 나갈 때마다 읽었다.

사건의 결정적인 터닝포인트도 이때쯤 찾아왔다. 김원TV의 제보자 덕분이었다. '부산 돌려차기 사건'을 신고했다는 사건 목격자의 등장이었다. 사실 목격자는 이런 사건인 줄 몰랐다고 했다. 당황해서 자세히 보지 못했지만 바지가 벗겨져 있었고 체모가 보일 정도였다고 말했다. 아직도 기억하고 있을 정도니 얼마나 황당한 장면이었겠는가. 게다가 당시 현장에 구두나 옷가

지들이 나란히 정리되어 있어서 취객이 집으로 착각하고 벗어 둔 줄 알았다고 했다. 피해자랑 직접 연락하지 않아도 되니 이를 증언해줄 수 있겠냐고 김원님이 물어봐주셨고 어렵게 승낙을 구했다고 한다.

실로 영화 같은 서사였다. 방방 뛰어다니며 신이 났던 것도 잠시, 머리를 싸매고 울었다. 진실만 좇다 보니 내가 어떤 상황에 처한 것인지는 생각해보질 못했던 것이다. 나 스스로 성범죄 피해자란 걸 알리는 중인 줄도 몰랐다는 사실에 1시간 동안 펑펑 울었다. 내가 좋아하는 거품 목욕을 하고 나서야 정신을 차릴 수 있었다. 이젠 정신 바짝 차려야 한다. 성범죄라는 죄목이 사건에 추가될 수 있을 테니.

2심이 시작되기 전에 『부산일보』 기자들을 만났다. 그중에서도 변은샘 기자님은 이미 아는 분이었다. 이름이 특이하기도 했지만 내 사건을 처음 다룬 기자님이기 때문이다. 변 기자님은 경찰이 내겐 한 번도 공유해준 적 없는 얘기들을 기사로 쓰셨다. 그래서 사건 초반엔 그분을 별로 좋아하지 않았다. 가해자의 입장만 듣고 기사를 쓰는 것 같아서였다. 그런데 알고 보니 그분은 사건이 일어난 오피스텔 입주민 단톡방에 들어갈 정도로 피해자를 간절히 찾았다고 했다. 나는 병원에 있어야 했고 당연히 경찰은 개인정보를 알려주지 않았을 거다. 그러다 보니 기사로 남길 수 있는 게 가해자 입장밖에 없었던 것이다. 다행히도 오해를 풀고 나서, 변 기자님은 지난 1년간의 '부산 돌려차기 사건' 흐름을 정리해서 기사로 써주었다.

같이 만난 안준영 기자님은 검찰 출입 담당 기자였는데, 내가 관심 있는 공판마다 항상 방청석 앞자리에 앉아서 기사를 작성하고 계셨다. 부산과 관련된 사건을 검색하면 안 기자님이 쓴 기사부터 나올 정도였으니 말이다. 수도권 외의 지역에서 공론화하는 건 시간을 갈아넣어야 될까 말까 한 일인데, 이런 분들을 만나야지만 그나마 가능한 것이었다.

2023년 3월 15일, 두 번이나 불출석했던 가해자가 드디어 공판에 나타났다. 가해자는 귀 뒤로 머리를 넘길 만큼 장발이 되어 있었다. 흰색 뿔테 안경도 썼는데, 구치소 안에서 치장했을 모습을 상상하니 역겨웠다. 착석하려는 순간 눈에 띄었던 건 가해자의 죄수복이었다. 죄수복이 몸에 꼭 끼어 있었다. 얼마나 잘 먹었으면 저렇게 몸집이 커졌을까 싶어 기가 찼다. 공판이 시작되기 전부터 나는 성범죄 조사를 다시 해야 한다고 간절히 탄원서를 썼다. 2심 담당인 김태훈 검사님이 재판 전에 통화로 피해자로서의 생각을 물었다. 나는 당연히 성범죄를 조사해야 한다고 했고, 공판 때 검사님은 내 말대로 성범죄 검사를 주장했다. 하지만 2심 재판부는 공소장에도 없는 죄명으로 추가 감정은 허락하지 않는다고 했다. 이해가 안 됐다. 무슨 동기로 살인미수를 저지르게 됐는지 알아보자는 거지, 내가 이 사람한테 누명을 씌우려는 게 아니지 않은가. 모든 범죄가 그렇지만 특히 살인(미수)죄는 동기를 가장 중요하게 본다. 이는 양형위원회의

2심 때 제출한 피해자 탄원서

양형 기준을 보면 알 수 있다.

양형 기준은 죄에 해당하는 형벌의 정도를 따지는 기준이다. 양형위원회 홈페이지에는 감경 요소와 가중 요소가 적혀 있다. 살인미수는 살인죄와 유사한 양형 기준을 가지고 있다. 계획적 살인 범행, 범행에 취약한 피해자, 사체 손괴, 잔혹한 범행 수법,

존속인 피해자, 비난할 만한 목적에 의한 약취/유인인 경우, 강도강간범인 경우, 피지휘자에 대한 교사, 중한 상해, 반성 없음, 특정강력범죄(누범), 사체 유기, 특정강력범죄에 해당하지 않는 이종 누범, 누범에 해당하지 않는 동종 및 폭력 실형 전과, 합의 시도 중 피해 야기, 이렇게 열여섯 가지다.

또한 살인/살인미수는 다섯 가지 유형으로 구분하고 있다. 참작 동기 살인, 보통 동기 살인, 비난 동기 살인, 중대범죄 결합 살인, 극단적 인명 경시 살인. 중대범죄 결합 살인(미수)은 비난 동기 살인(미수)보다 양형 기준이 훨씬 높다. 난 만족할 수 없었다. 서둘러 집에 와 탄원서를 쓰기 시작했다. 나는 이 사람의 형량을 높이고 싶은 게 아니라 진실을 알고 싶을 뿐이라고. 살인(미수) 양형 기준의 가장 중요한 동기를 찾으려는 것뿐이라고. 애초에 내 편이 되어달란 적도 없고, 내가 원하는 대로 재판이 흐르기를 바란 적도 없다. 그저 있는 사실을 알고 싶을 뿐이었다.

패자부활전

여태껏 사건을 몰랐던 사람들이 이 사건을 알게 된 가장 큰 계기는 「그것이 알고 싶다」일 것이다. 나 또한 사건을 겪기 전부터 「그것이 알고 싶다」의 팬, '그알이'였다. 온종일 방송을 틀어놓고 작업할 정도로 범죄와 법에 관한 지식들이 흥미로웠다. 당연히 내 사건도 제보했지만 아무 자료가 없어서였는지 회신이 오질 않았다. 2심 첫 공판이 끝나고 나서야 이 사건을 다뤄보고 싶다는 연락이 왔다. 하지만 아직은 확정이 아니라고 얘기했다. 제작진들의 결정을 내릴 수 있었던 건 홍태의님의 설득 때문이었다. 태의님이 나는 자세히 보지 못했던 DNA 감정 결과서를 얘기해줬다. 비상구 손잡이에 가해자의 지문이 있었다고 한다. 내가 죽을까봐 무서워서 사각지대로 데려갔다던 가해자가 비상문을 열려고 했다는 것이다. 온몸에 소름이 돋았다. 그 문을 열고 들어갔다면 난 죽었을 거다. 다행히 비상구 문은 폐쇄되어 있었고 가해자가 택할 수 있는 건 얇은 X배너 뒤였던 것이다.

「그것이 알고 싶다」 작가님과의 통화를 마친 뒤 김재환 피디님을 만났다. 첫 2심 공판 날, 가해자가 수송 차량에 오르는 모습을 찍기 위해 오셨다고 했다. 다른 사건에 비해 자료가 많았던 터라 인터뷰에 신경을 더 많이 써주셨다. 8시간 가까이 촬영했고, 최대한 많은 얘기를 확보한 뒤 이를 검증하는 절차를 거친다고 했다. 내 말만 듣고 믿는 게 아니라 모든 정황과 사실관계를 취재한 뒤 교집합을 송출하는 거였다. 내게는 매일 진실을 추적하고 사실을 확인하는 게 일상이 돼야 했다. 지인들의 걱정이 슬슬 시작됐다. 언니 또한 더 이상 집착하지 말라고 했다. 사건에 몰입하지 말고 일상생활로 돌아와야 하지 않겠냐며. 박서희 선생님도 똑같이 걱정하셨다. 하지만 3심까지 끝나면 더 이상 소명할 기회는 없다. 남자친구는 지금의 나를 어떻게 생각할까 문득 궁금했다. 조심스럽게 "나 너무 집착하는 거 같아?"라고 물었다. 그런데 남자친구는 "아니? 그런 큰일을 당했는데 신경 쓰이는 게 당연한 거 아니야?"라며 내가 잘하고 있다고 다독여줬다. 당연하다는 이야기가 그렇게 든든할 수 없었다.

인터뷰를 할 때면 항상 피해자로서 어떻게 보여야 하는가를 고민했다. 당시에는 크게 부상을 입은 게 사실이지만 기적적으로 다리가 움직였고 남들이 보기엔 밝아서 피해자스럽지도 않았다. 재환 피디님도 연신 내가 참 특이하다며 고개를 갸웃거리셨다. 가끔 "피해자의 대모에게 물어볼 게 있다"고 너스레를 떨며 전화하시기도 했다. 재판 날에는 일부러 그렇게 꾸며 입냐는 질문을 받은 적도 있다. 가해자에게 이런 피해자가 있다는 걸 알려주고 싶기도 했고, 나는 패션의 자유를 느낄 수 있다는 걸 무의식적으로 느끼게 하고 싶어서였다. 그걸 알아주시니 통쾌하기도 했다. 거리에서 촬영한 적도 많았는데 그럴 때는 여전히 불안감이 올라왔다. 「그것이 알고 싶다」 본편에는 나가지 않았지만, 사건 당시 걸었던 길을 그대로 걸은 날이 있었다. 계획 없이 무작정 걷기 시작했는데 이내 눈이 시큰거렸다. 버스킹을 했던 동생과 마주쳤기 때문이다. 마치 「그것이 알고 싶다」팀과 함께 사건 이전으로 이동한 것 같았다. 버스킹이 더 이상 즐겁지 않은 이 현실이 슬프기도 하고 간만에 밤에 버스킹을 볼 수 있어서 기쁘기도 했다. 무슨 감정일까. 카메라가 있고 사람들의 시선이 쏟아지는데도 울었다. 정신을 차리자 빨리 그 자리를 벗어나고 싶었다. 혹시 내가 피해자인 걸 누군가 알아차리면 어떡하지? 그렇게 서둘러 촬영을 마무리했다. 나는 방송에 이미 내가 다 아는 내용이 나올 거라고 생각했지만 피디님은 그래도 꼭 챙겨 보라고 당부했다.

「그것이 알고 싶다」 본방송 날, 혼자는 못 볼 것 같아서 언니를 집으로 불렀다. 기분이 이상했다. 매번 보던 「그것이 알고 싶다」에 내가 나오다니. 무슨 새로운 내용이 있을까 싶어 심장이 떨렸다. 「그것이 알고 싶다」는 과학수사대가 아니기에 가지고 있는 자료를 분석한다. 자료 중에는 항문외과의 진단도 있었다. 황당했다. 분명 내가 진료를 보러 갔을 땐 흔히 겪는 증상이랬는데, "자세히 보니 다발성 손상이 보인다"라며 성범죄가 연상된다는 것이다. 일찍 말해줬으면 1심에서부터 얘기했을 텐데, 어이가 없었다. 심지어 감식결과에서 가해자의 DNA가 추출됐다고 했다. 청바지의 엉덩이 부분이었다. 만약 바지 안쪽 면에서 나왔다면 "버튼이나 지퍼 같은 건 만지지 않았다"는 가해자의 증언을 깨부술 수 있는 강력한 증거였다. 하지만 이마저 청바지의 안쪽 면인지, 바깥 면인지 자세히 기재되어 있지 않아서 알 수 없다는 전문가의 의견이 다였다.

답답해하며 방송을 보는데 그 순간 비장의 카드가 나왔다. 모자이크를 하지 않은 제보자의 증언이었다. 가해자와 같은 구치소를 쓴 제보자였다. 그가 말하길, 가해자가 피해자의 주소를 외우면서 "나가면 두 배로 때려서 죽여버릴 거다"라는 말을 계속했다고 한다. 그렇게 방송이 끝났다. 언니는 인터뷰를 오래 했는데 얼마 안 나왔다고 투덜댔다. 박서희 선생님도 인터뷰가 하나도 안 나왔다며 서운하다고 말했다. 나도 8시간 넘게 인터뷰했지만 얼마 나오지 않았다며 위로해드렸다. 언니가 떠난 뒤 제보자의 신변이 걱정돼서 허겁지겁 제보자를 검색해봤다. 종합격투기 MMA 출신 유튜버 엄태웅씨였다. 운동선수였다는 사실에 안심되면서도 낯선 사람이 왜 이런 제보를 할까 미심쩍었다. 혹시 저 사람도 한패면 어떡하지?

SNS 계정으로 곧바로 메시지를 보냈다. 대화를 해보니 이분은 오히려 나를 걱정하고 있었다. 그에게 날것의 이야기를 듣고 싶었다. 방송에 다 담기지 않은 이야기가 분명 있을 것이었다. 내가 예상했듯 가해자는 '너무' 잘 지낸다는 메시지가 왔다. 며칠 동안 엄태웅씨와 연락을 주고받았다. 그는 정말 가해자를 혐오하고 있었다. 그래도 나는 무서웠다. 엄태웅씨도 구치소에 있었던 터라 쉽게 믿을 수 없었다. 이 또한 나를 시험하려는 가해자의 계략이면 어쩌지. 하지만 내 우려와는 달리 정말 도움을 많이 주셨다. 심지어 그는 보복범죄와 관련된 증언을 하는 바람에 교정청에서 조사까지 받아야 했다. 도대체 한 사람 때문에 몇 명이 피해를 봐야 하는 건지. '한 명의 가해자와 여러 명의 피해자'라고 하는 게 맞지 않을까 싶었다. 감사하면서도 죄송했다.

하루는 엄태웅씨가 물었다. "마지막으로 확인할 게 있는데, 혹시 ○○ 아파트에 사세요?" 순간 간담이 서늘해졌다. 이 사람이 이사한 우리 집 주소를 어떻게 알지? 너무 무서웠다. 가해자가 구치소에서 이 아파트 이름을 달달 외우고 있다고 했다. 무서운 것도 잠시, '걸렸다' 싶었다. 구치소 동기가 알 정도로 가해자가 내 집 주소를 달달 외우다니. 무슨 유명 브랜드 아파트도 아니고 오래된 아파트였기에 직접 들은 게 분명했다. 그 짧은 시간에 머리를 굴렸다. 아직 이 사람을 잘 모르니까 애매하게 대답해야겠다고 생각했다. "저와 관련된 주소이긴 한데, 그 이상은 말씀드릴 수가 없어요." 그러자 엄태웅씨는 일단 알겠다며, 교정청 조사를 받고 오겠다고 했다.

전화를 끊자마자 숨통이 조여왔다. 보복은 내 피해망상일 거라 생각했는데, 진짜라니. 심지어 가해자가 외우고 있는 건 본가 주소였다. 내 자취방도 아니고 본가를 어떻게 옮겨야 하나 싶었다. 나 혼자 죽었으면 됐을걸, 괜히 일을 벌여 가족까지 위험에 끌어들였다. 죽고 싶었다. 차라리 내가 죽어서 이 이야기가 끝을 맺을 수 있길 바랐다.

한국심리과학센터에서는 '부산 돌려차기 사건'과 유사한 판례들을 찾아주겠다는 연락이 왔다. 몇십 건의 유사 판례들을 확인했는데 확실히 내 사건에서의 1심 판결은 약소한 형량을 선고받았다는 걸 알 수 있었다. 즉시 탄원서를 적었다. 마침 「그것이 알고 싶다」 본방송이 나가고 나서 피디님이 취재 비하인드를 얘기할 수 있는 '그알저알' 콘텐츠를 찍을 예정이라며 혹시 필요한 게 있는지 물어왔다. 지금 단계에서는 탄원서가 절실했다. 인터뷰했던 유튜브 채널 '빡친변호사'의 천호성 변호사님의 도움으로 전자 탄원서를 받는 설문조사 폼을 만들었다. 치밀한 취재를 토대로 만들어진 방송이다 보니 많은 분이 신뢰했고, 응원과 격려를 남겨줬다. 「그것이 알고 싶다」라는 프로그램이 얼마나 많은 피해자에게 도움을 주는지 절로 체감했다. 설문조사 폼에 내 인스타그램 주소도 남겨놨더니 많은 분이 DM을 보내왔다. 조금이나마 내가 이루려 하던 목적에 가까워진 듯해 뿌듯했다. 나 혼자의 피해 구제가 아닌 피해자에 대한 인식을 바로잡겠다는 목적 말이다.

'살아 있기에 바꿀 수 있다'라고 적힌 내 방의 거울 낙서도 방송에 나왔다. 살아 있기에 바꿀 수 있다. 과연, 정말 바꿀 수 있을까. 살아서 법을 바꿨다는 얘기를 별로 들어보지 못했다. 한없이 위축되기 시작했다. 살아 있어서 다행이라는 순간이 오긴 할까. 신상 공개 또한 그렇다. 성범죄 사건을 제외하고 살인미수 사건의 신상 공개는 보지 못했다. '청원24' 홈페이지에 재차 신상 공개를 청원했으나 재판 진행 중인 피고인에 대한 신상 공개 청원을 들어줄 수 없다고 했다. 경찰청에서도 피고인이라서 안 된다며 거절당했고, 검찰청에서도 재판 중인 피고인이라 안 된다며 거절당했다. 억울한 피고인을 만들면 안 된다면서 정작 수사 과정에서는 경우에 따라 신상 공개를 하지 않나. 이해할 수 없었다. 신상 공개와 관련된 문제는 계속 논란이 됐건만 전담하는 부서는커녕 문의할 수 있는 곳도 없다. 특정강력범죄 신상 공개 기준은 다음 네 가지가 충족되어야 한다.

첫째, 범행 수단이 잔인하고 중대한 피해가 발생한 특정강력범죄 사건일 것.

둘째, 피의자가 그 죄를 범하였다고 믿을 만한 충분한 증거가 있을 것.

셋째, 국민의 알권리 보장, 피의자의 재범 방지 및 범죄 예방 등 오로지 공공의 이익을 위하여 필요할 것.

넷째, 피의자가 청소년에 해당하지 않을 것.

'부산 돌려차기 사건'은 모든 기준이 충족된다. 그렇다면 왜 신상 공개를 하지 않는 걸까. 그건 바로 셋째, 국민의 알권리라는 구절 때문이다. 언론에서 다뤄지는 신상 공개는 모두 언론의 주목을 받아서다. 정확히 얘기하자면, 언론이 다루지 않으면 신상 공개 심의위원회는 개최되지 않는다. 독립 기관이 언론에 영향을 받아야만 움직이다니, 기관이 마비된 것 같았다. 특정강력범죄면 무조건 신상 공개 심의를 한다는 기준이 있어야 했지만 그런 시스템은 존재하지 않았다. 신상 공개를 반대하는 사람들의 의견을 찾아봤다. 한 영상을 보고 화가 치밀어 올랐다. 신상 공개를 해서 2차 가해를 받을 가해자의 가족은 어떻게 하냐는 내용이었다. 피해자들은 가해자에게 앙갚음하려고 신상 공개를 원하는 게 아니다. 위 같은 말은 용기를 낸 피해자와 피해자가족들을 향한 모독이다. 애초에 신상 공개는 특히 악질인 범죄자로부터 국민을 지키기 위한 것인데, 지금은 사회에 도로 나올 수 없는 범죄자의 신상만 공개하고 있다. 무기징역이나 사형 선고를 받은 범죄자의 신상을 공개한다고 뭐가 달라지겠는가. 내가 '부산 돌려차기 사건' 가해자의 신상 공개를 간절히 원한 건, 더 이상 그 사람 때문에 아픈 사람이 없으면 해서였다. 특정강력범죄자의 신상이 공개될 수 있도록 움직여야 했다. 가면 갈수록 숙제만 쌓여갔다.

2심 첫 공판에서 성범죄 조사는 할 수 없다고 했는데 「그것이 알고 싶다」가 방송된 이후로는 뭐라고 얘기할지 궁금했다. 첫 번째 공판보다 기자들도 많이 보였다. 재판이 시작되자 재판부는 질문으로 서두를 열었다. 피해자 출석했냐고. 중앙에 앉아 있던 나는 번쩍 손을 들었다. 내가 쓴 탄원서를 읽었다며, 살인 미수에 가장 중요한 양형 기준인 범죄 동기를 밝히고 싶다는 의견에 동감한다고 말했다. 그렇게 DNA 재감정을 재판부가 허락해줬다. 처음엔 기뻤다. 내가 쓴 탄원서로 재판부를 설득하다니. 근데 가만히 생각하다 보니 양형 기준을 피해자의 탄원서를 보고 재고한다는 게 이상했다. 이건 다 「그것이 알고 싶다」 효과였다. 재판에 언론이 영향을 끼치지 못한다고 말하는 사람도 있지만 내가 체감한 건 정반대였다. 독립적으로 움직여야 할 법원이 방송을 보고 움직였다. 그 와중에 탄원서는 7만여 장이 모였다. 꼭 받은 만큼 다른 피해자들에게 돌려줄 거라고 다짐하게 되는 날이었다.

공판과 공판 사이에는 생각보다 시간이 꽤 있다. 정신없이 뛰어야 했던 중에 드디어 짬이 났다. 그래서 「소년심판」이라는 드라마를 다시 챙겨봤다. 처음 봤을 때는 그저 소년재판을 열심히 하는 판사의 이야기라고 생각했다. 다시 보니 9화가 달리 보였다. 한 아빠가 딸이 안 보인다며 실종신고를 했고 얼마 지나지 않아 그 딸은 공사장에서 인부에게 발견된다. 가해자들이 집단 성폭행을 저지른 뒤 피해자를 두고 간 것이었다. 이들은 이전부터 범죄를 일삼으며 소년원을 드나들곤 했다. 그중에서도 주동자는 여자들을 미끼로 삼아 성매매하는 남자들을 협박하고 갈취했다. 순간 소름이 돋았다. 드라마 속 학생들이 내 가해자와 문신이 비슷한 데다 심지어 전과 내용도 흡사했다.

알고 보니 내 가해자는 「그것이 알고 싶다」에 이미 두 번째 출연이었다. '부산 돌려차기 사건' 전에 성매매 매수남들을 폭행, 협박, 갈취해서 재판에 불려갔던 「그것이 알고 싶다」 889회 '비열한 거리 2부 – 범죄소년'이 첫 번째였다. 문신을 보여주며 모텔 사장님들을 윽박지르는 장면은 현실의 가해자를 빼닮았다. 초범이라고, 촉법이라고 감형된 남자아이는 결국 전과 18범이 됐다. 사법 체계가 만든 괴물이었다. 반성, 인정, 심신미약, 초범 등 수많은 감형 사유에 얼마나 익숙해졌겠나. 그제야 여유롭던 가해자의 태도가 이해됐다. 피해자가 성폭행당한 뒤 방치되었다는 점도 나와 유사했다. 그때 피해자의 말이 마음을 아리게 했다. "왜 하필 저였을까요. 저 요즘 매일 그 생각만 해요. 왜 나지? 내가 뭘 얼마나 잘못했길래? 왜 나한테만 이런 일이……."

내 말을 대신하고 있는 것 같았다. 왜 하필 나였을까. 이건 절대 풀리지 않을 수수께끼다. 그런데도 피해자들은 자신에게서 원인을 찾으려고 애쓴다. 그렇게 해서라도 다시 예전으로 돌아가고 싶어서. 하지만 단호하게 얘기하건대 우리에게 타임머신 따위 없으며 돌아갈 수 있는 방법도 없다. 다만 더 좋아질 수 있는 방법은 있다. 내가 나 스스로를 아껴주는 것. 나조차 나를 채찍질하면 나를 보살펴줄 사람은 아무도 없다.

피해자가 바꾼 죄명

그렇게 두 번의 2심 공판이 지나는 동안에도 DNA 재감정 결과는 나오지 않았다. 김태훈 검사님은 사건 당일에 출동했던 경찰의 증인 심문을 신청했다. DNA 결과가 나오지 않았지만 심증은 점점 확증되어가고 있었다. 경찰은 내가 복도에서 피를 흘린 채 누워 있었고 의식이 희미했다고 증언했다. 상의가 가슴 밑까지 올라가 있었고 바지는 지퍼가 절반 이상 내려간 채 바깥쪽으로 접혀 있었다고 했다. 맨살이 많이 보여서 옷 매무새를 정리했다고 진술했다. 이런 진술이 어째서 사건 초반에 다뤄지지 않았을까. 경찰관이나 소방관에게 보디캠만 있었더라도 이 사건은 손쉽게 풀릴 수 있었을지 모른다. 최초 목격자의 진술은 비공개로 진행돼서 남언호 변호사님과 나만 법정에 남았다. 어린 여성분이 손을 덜덜 떨며 법정으로 들어왔다. 정말 죄송했다. 진술은 하실 수 있으려나 걱정했는데 다행히 차분히 해주셨다. 증언을 들어보니 초반에 대처도 잘 해주셨다.

 목격자는 떨어진 핏방울을 따라 우편물함 쪽으로 시선을 돌렸는데 배너 뒤에 내가 쓰러져 있었다고 했다. 가지런히 소지품이 놓여 있었기에 취객이 집으로 착각해서 눕다가 다친 것으로 짐작했다. 그래서 말을 걸었더니 횡설수설했다고 한다. 뭔가를 건드리진 않았냐는 검사님의 질문에 무슨 상황인지 몰라도 일단 멀찍이 있었다고 했다. 현명한 분이었다. 초반에 이분의 진술만이라도 확보했더라면 사건이 훨씬 쉽게 풀렸을 터라 경찰이 원망스러웠다. 바지는 어땠냐고 물었더니 체모가 보일 만큼 벗겨져 있었다고 했다. 미세하지만 경찰관과 목격자가 증언한 바지의 상태는 조금 달랐다. 경찰관은 속옷이나 체모에 대해서는 기억나지 않는다고 답했다. 반면 목격자는 체모가 보였다고 답했다. 이렇게 증언이 다른 이유를 검사님은 목격 위치에서 찾아냈다. 경찰은 하반신 쪽에서, 목격자분은 어깨 쪽에서 나를 봤던 것이다. 드디어 퍼즐들이 하나씩 맞춰지고 있는 듯했다. 두 사람 다 바지는 골반까지 내려가 있었다고 증언했다. 배꼽까지 오는 하이웨스트 바지였기에 누군가 벗기지 않았다면 있을 수 없는 일이었다. 김원TV에게 나중에 들은 바로는, 목격자분은 혹시 몰라 내가 의식이 없어 횡설수설하는 것까지 녹음해놓을 정도로 현명한 분이었다.

이제 정말 DNA 감식만 남았다. 왜 이렇게 오래 걸리는지, 마음이 내내 초조했다. 결과가 나오기 전, 바지 단추가 쉽게 풀리지 않는지부터 검증하는 시간을 갖기로 했다. 법정에서 제출된 바지는 대검찰청에서 DNA를 조사하느라 구멍이 송송 나 있었다. 알고 보니 이원석 검찰총장님이 유전자 감식실에 121개 부위의 광범위한 정밀 감정을 지시했다고 한다. 그래서 늦는 거였구나, 그제야 이해할 수 있었다. 바지를 검증하는 과정에서 재판부는 내게 마이크를 건네주며 평소에 어떻게 착용하는지, 벗을 때 어떤 단추를 이용하는지 설명해달라고 했다. 하이웨스트 바지라 배꼽까지 온다는 것도 이야기했고, 치수를 재기도 했다. 재판부는 바지에 묻어 있는 흐릿한 얼룩들에 대해 질문했다. 그때 문득 가해자가 검색했던 '기절했을 때 오줌 싸는 이유'가 생각났다. 그때 실신하면서 소변을 누게 되어 그 얼룩이 피와 함께 번진 것 같다고 설명했다.

그렇게 사건이 끝을 향해 달리던 무렵 천호성 변호사님의 전화가 왔다. 부산여성의전화에서 상담받고 나가는 길이었는데, 유튜브 채널 '카라큘라 범죄연구소'(이하 '카라큘라')에서 이 사건을 다뤄보고 싶다고 했다며, 연락처를 넘겨줘도 되냐고 물었다. 기뻤다. '카라큘라'의 오랜 구독자였기 때문이다. 사건이 거의 마무리되던 터라 새롭게 다룰 수 있는 게 있을까 싶어 걱정이었다. 카라큘라님의 연락을 기다리는데 연대자 D님에게서 메일이 왔다. 공소장이 변경됐다고 했다. 무슨 소리지? 난 들은 게 없는데. 사건번호를 검색하니 정말 검사님이 공소장 변경 신청을 했다고 적혀 있었다. 때마침 김태훈 검사님에게서 연락이 왔다. 자세히 얘기해줄 순 없지만 바지 안쪽 면에서 범인의 DNA가 나왔다고 했다. 순간 눈물이 핑 돌았다. 김태훈 검사님은 내게 사법부를 대신해 진심으로 사과해주셨다. 가해자가 아닌 다른 이에게 받은 진심 어린 두 번째 사과였다. 다들 내가 너무 집착한다고 얘기했지만 과한 일이 아니란 걸 보란 듯이 증명했다.

   천호성 변호사님과 카라큘라님에게 이 소식을 알렸다. 얼마 지나지 않아 '카라큘라'팀이 부산으로 내려와 취재와 제보자 면담을 시작했다. 매번 인터뷰를 해줬던 가해자의 전 여자친구에게 또 연락해야 했다. 지현님은 그간 많이 수척해져 있었다. 남자친구였던 사람이 전과자인 것도 충격인데 도주를 도와줬다며 '끼리끼리'라는 댓글에 시달려야 했던 것이다. 사실을 알았더라면 절대 도주를 도와주지 않았으리라는 걸 나는 알고 있었지만, 네티즌들은 알려고 하지 않았다. 지현님에게 정 힘들면 인터뷰하지 않아도 된다고 했지만 지현님은 이번에도 거절하지 않았다. 한 달 정도 만났을 뿐인 가해자 때문에 지현님에게는 꼬리표가 계속 따라다녔고, 얼마나 힘들었으면 이젠 상대방이 전과가 있는지부터 확인하는 강박이 생겼다고 했다. 항상 나를 도와줬던 지현님에게 꼭 얘기해주고 싶다. 살아 있어줘서 고맙다고.

2023년 6월 6일은 '부산 돌려차기 사건'이 또 한 번 대대적으로 알려진 날이다. '카라큘라'에서 가해자의 신상을 전부 공개했기 때문이다. 조회 수는 300만이 넘었다. 합법적인 신상 공개를 여태껏 바라왔지만 이따금 언급되긴 해도 딱히 바뀌는 건 없었다. 그런데 한 유튜버가 범죄자의 신상 공개를 하자마자 사람들은 '사적 제재'라며 비난하기 시작했다. 신상 공개와 사적 제재는 항상 논란거리였지만 정작 아무도 무언가를 바꾸려들지 않았다. 그리고 모든 화살은 나와 채널 '카라큘라'에게 돌아왔다. 기자들이 내게 유튜버가 신상 공개를 했을 때 기분이 어땠냐고 물었다. 나도 좀 당황스럽긴 했다고 답했다. 개인이 하는 신상 공개는 법을 위반하는 행위다. 하지만 사적 제재나 신상 공개를 단지 개인의 잘못으로만 치부할 수 있냐고 되물었다. 예전부터 논란만 됐을 뿐 뭐 하나 바뀌는 게 있었냐고. 한 사람의 잘못으로만 여겨져서는 안 되는 일이라고 인터뷰했다. 그럼에도 한 언론사는 "당황스럽다"는 말만 기사에 남긴 채 현행법 문제는 짚지도 않았다. 생각보다 여론은 빨리 식지 않았지만 이게 도리어 긍정적인 효과를 냈다. 많은 사람이 관심을 갖자 국회의원들이 움직이기 시작한 것이다. 신상 공개와 관련해 '머그 숏' 법안을 제정하겠다고 했다. '부산 돌려차기 사건'은 해당되지 않을지도 모르지만 그나마 불행 중 다행이었다.

사실 나는 한 번도 가해자의 진술 영상을 보지 않았다. 뻔뻔하게 연기하는 가해자를 보면 분노를 억누를 수 없을 것 같았기 때문이다. 그런데 '카라큘라'에서 가해자의 검찰 진술 영상을 다루며 1심 수사 검사였던 김세희 검사님을 알게 되었다. 검사의 역할은 크게 두 가지로 나뉜다. 재판에 필요한 수사를 하는 수사 검사와 법정에 나가는 공판 검사가 있다. 중상해 사건이 살인미수로 바뀐 것만 알았을 뿐 그 과정은 몰랐는데, 영상을 통해 김세희 검사님을 만난 것이다. 가해자의 말도 안 되는 진술에 단단히 화가 나셨던 듯했다. 어떤 건 기억하고 어떤 건 기억하지 못하는 가해자가 심신미약일 리 없었다. 수많은 사건을 담당했던 검사님은 음성이 담기지 않은 CCTV 영상에서도 소리가 들릴 지경이라고 했다. 피해자가 정확히 무슨 말을 했는지도 분명하지 않다면서 화가 나서 폭력을 저지를 수 있냐며 가해자에게 따지셨다. 가해자의 선택적 진술에 분노한 검사님은 더 높은 죄명으로 바꿀 거라고 선포했다. 강약약강의 표본이었던 가해자는 그제야 죄송하다고 했다. 검사님은 "저한테 죄송하다고 하지 말고 피해자한테 죄송하다고 하셔야죠"라고 일침을 가했다.

이제 대중은 무엇 하나 정상적이지 않은 이 사건에 집중하기 시작했다. 검찰의 공소장 변경 신청을 알아차린 언론사들이 공판일에 법원 앞에서 인터뷰하고 싶다며 연락해왔다. 어느 때보다 많은 기자님이 와 있었다. 변호사님은 피해자에게 진술할 기회를 줄지도 모르니 내게 진술서를 준비해 오라고 했다. 그날은 피고인 증언도 같이 있어서 가해자가 과연 2심 때는 생각이 좀 바뀌었으려나 궁금했다. 하지만 가해자의 뻔뻔한 진술은 그대로였고 공판에 참석한 모든 기자가 코웃음 치는 소리가 들렸다. 누가 들어도 이상한 진술로 가득했다. 죄다 성범죄를 회피하려는 말들이었다. 검사가 바지와 지퍼에 관련된 질문을 했다. 그는 결코 건드리지 않았다고 부인했다. 사실은커녕 아무것도 알아내지 못하겠구나 싶었다. 오줌 같은 것도 보지 못했다고 하더라. 자기 손으로 '기절할 때 오줌싸는 이유'를 검색해놓고서 못 봤다니 어이가 없었다. 너무 수준 떨어지는 답변에 분노가 찬 나머지, 생각한다는 게 입 밖으로 나와버렸다. "지랄하고 있네." 다행히 재판부는 듣지 못했고 가해자는 들었을 정도의 소리였다.

재판부에서도 상식적으로 말이 안 되는 가해자의 모습에 꽤 분노한 눈치였다. 수차례 거짓말로 낭자한 진술들을 들으며 화가 나서 눈물이 멈추질 않았다. 이어서 검사가 DNA 감정 결과를 발표했다. "가해자의 Y염색체가 청바지 안쪽 면의 허벅지 부분에서 검출되었습니다." 즉 바지를 벗겼다는 뜻이다. 꾸준히 허위 진술을 해온 가해자는 제 꾀에 제가 걸려 넘어졌다. 최후 진술에서 바지를 벗긴 적이 없다며 강하게 부정하지 않았더라면 입증하지 못했을 수도 있었다. 드디어 2023년 5월 31일, 이 사건은 강간 살인미수가 됐다. 검사 측 구형을 듣기 전 재판부에서 피해자가 최후 진술할 시간을 주었다. 그때 나는 슬프기보다 분노에 차 있었다. 재판을 보러 온 방청객들 앞에서 마이크를 잡고 분노의 눈물을 흘리며 글을 읽었다.

제가 들은 피고인의 첫마디는 "존경하는 재판장님"이었습니다. 사건이 있고 나서 거의 매일 법원에 나왔는데, 다른 피고인들과 달리 반성하는 척조차 하질 않고 공판 과정 내내 지루해하는 표정이었습니다. 반성문을 볼 권한이 없는 저도 알겠더라고요. 반성은커녕 저 사람은 후회도 하지 않는다는 것을요. 그렇게 1심이 끝나고야 받을 수 있었던 재판 기록엔 초등학생도 거짓말인 줄 알 것 같은 허술한 진술들이 가득했습니다.

매일매일 제가 처참히 폭행당하는 장면을 봐야 했고 거짓된 진술을 색출해내는 데 하루하루를 보냈습니다. 사건 이전 월 700만 원을 넘게 벌던 저는 그 후 1년 내내 한 푼도 벌지 못한 채 살았습니다. 여전히 약을 먹지 못하면 2시간 만에 깨고, 10킬로그램이 넘게 살이 빠졌으며, 어떤 정상적인 생활도 하지 못한 채 살고 있습니다. 그런데 2심을 미루고 미루던 피고인은 죄수복 단추가 미어터지려 하더라고요. 저는 구치소가 그렇게 편안한 곳인지 처음 알았습니다.

피고인은 자신에게 불리한 진술은 전부 다 거짓이라고 합니다. 구치소 동기에게는 저를 두 배로 때려서 죽여버리겠다고 했습니다. 저는 사건 이후 이사한 주소를 친한 친구들에게조차 알리지 않았는데, 피고인의 구치소 동기는 어떻게 알게 됐을까요? 신빙성이란 하나도 없는 피고인의 습관성 거짓 진술에 이렇게 많은 인력이 낭비되는 데 화가 치밀어오릅니다. 제가 기억을 잃은 잘못일까요. 차라리 기억하고 싶습니다.

피고인은 수감된 다른 동기들을 괴롭히고, 자신의 도피를 도와준 전 여자친구에게 협박 편지를 보내고, 자신의 죽마고우에게도 영치금을 보내지 않는다고 협박 편지를 보냈으며, 제가 공판을 다니고 글을 쓰니 다 회복한 것 아니냐는 내용을 반성문에 썼습니다. 저는 1년이 넘는 시간 동안 하루하루를 피고인이 적은 반성문, 탄원서, 보복 편지 등을 읽으며 계속되는 2차 가해 속에서 살아야 했습니다.

죄목조차 인정하지 않는 피고인의 항소이유서를 보며 어떻게 반성한다는 취지로 8년이 감형된 것인지 당최 이해할 수 없고 납득할 수도 없었습니다. 피고인과 마찬가지로 저 역시 가난한 환경에서 자랐습니다. 아무리 가정이 불우하다고 해도 그것이 범죄의 동기가 될 수는 없습니다. 범행 당시 급여를 받고 있었음에도, 의지할 여자친구와 친구들이 있었음에도 그는 또 이런 일을 저질렀습니다.

그간 피고인의 범죄들이 적힌 1268페이지의 기록을 읽은 저는 이 사람만큼은 더 이상 변하지 않을 것이란 걸 확신했고, 또 확신합니다. 애초에 제 일이라고만 생각했다면 여기까지 안 왔을 겁니다. 더는 이 사람에게 피해 보는 이가 없었으면 하는 게 제 바람입니다.

DNA가 검출됐다는 게 마냥 기쁠 수 없음에도 저는 기뻐서 펑펑 울었습니다. 드디어 제대로 된 길을 걸어가는 것 같아서요. 제발 반성이니

인정이니 하는 양형 기준을 이 사건에 적용하지 말아주세요. 제가 회복된 게 기적이라고 얘기할 만큼 제 상태는 심각했고, 이 사람이 저를 낫게 한 것이 아닙니다. 그저 범죄 사실만 봐주세요.

마지막으로, 말씀드리기 조심스러우나, 검사님과 재판장님에겐 이 또한 그저 하나의 사건이겠지만 제게는 목숨이 달린 일입니다. 부디 아무런 죄가 없는 선량한 시민이 안전하게 살 수 있길 간절히 바랍니다. 살려주세요. 저를 제발…….

한 문장 한 문장 내뱉을 때마다 울음을 참느라 애를 먹었다. 피해자 최후 진술을 끝내니 검사가 빔프로젝터에 자료를 비추어 사건의 핵심을 정리했다. 포렌식 검사 결과도 도포로 만들어 성범죄를 부인한 가해자를 처참히 부숴놓았다. 그리고 마침내 가해자에게 35년을 구형했다. 법정에서 나가니 카메라투성이였다. 남언호 변호사님이 공식 입장을 정리해주셨고, 나도 법원 복도 중앙에 함께 섰다. 누군가 내 얼굴을 실수로 노출시키지 않을까 무서웠다. 35년 구형에 대해 어떻게 생각하냐는 질문에 왈칵 눈물이 흘렀다. 35년이라는 숫자가 들리는 순간 내 시한부 인생이 정해진 것 같았다. 인생이 참 기구하다는 생각이 들었다. 성범죄를 입증한 일반인이라니. 피해자가 추적하지 않았다면 이 사실은 영원히 묻혔을 거란 얘기가 떠돌았다. 나는 다 관계자분들 덕분이라고 얘기하곤 했지만, 다들 내가 해낸 거라고 말해주셨다. 법정에 처음 들어서던 그날이 아니었다면 이런 날은 결코 없었을 것이다.

이튿날, 2023년 6월 1일에 「JTBC 뉴스룸」 생방송에 나갔다. 살다 보니 이런 일로 생방송 뉴스까지 나가는구나 웃기면서도 슬펐다. 앵커가 1년간의 외로운 싸움에서 어떤 점이 가장 힘들었냐고 물었다. 사실 모든 게 힘들었다. 범죄피해자를 바라보는 시선, 사법 체계에서 철저히 소외되는 피해자의 위치. 하지만 그중에서도 가장 먼저 얘기하고 싶었던 건 국가가 피해자에게 2차 가해를 하는 것이었다. 가해자는 반성하지도 않는데 반성하고 인정하고 있다고 판사는 지레짐작했다. 그리고 기록 열람 복사도 허가하지 않아서 기록을 보기 위해 내 개인정보를 노출하는 민사소송을 제기해야 했고 그로써 보복범죄를 야기했다. 피해자의 의사는 묻지 않는 사법 체계는 회복적 사법이 아니었다.

마지막 선고 기일을 앞두고 내가 가장 많이 말한 문장은 "우연히 살인미수에 그친 사건이다"였다. 난 입주민에게 발견되지 않았더라면 이 세상 사람이 아니었을 것이다. 5센티미터쯤 되는 상처에서 옷이 흠뻑 젖을 정도로 피가 흘렀으니 말이다. 가해자도 알고 있었다. 그렇게 놔두면 죽으리란 걸. 그러니 도주하는 동안 '살인'이라는 단어를 검색해봤겠지. 여전히 그 사람에게 당할 또 다른 피해자들을 생각하면 그날 내가 죽음으로써 가해자를 영영 사회로 나오지 못하게 해야 했다는 생각이 들지만, 그럼에도 내 사건으로써 사법부에 큰 돌을 던질 수 있었다.

죽어야 산다

재판부의 마지막 선고를 듣는 날이 됐다. 1심보다는 2심이 빨리 끝나서 다행이라고 생각했다. 「실화탐사대」와 특별편을 촬영하며 법원으로 함께 이동했다. 이미 법원 주차장은 방송사들 차로 가득했다. 가해자의 최후 진술을 듣고 화가 났던 재판부가 검찰보다 더 높은 형기를 불러주면 좋겠다고 생각했다. 법원 3층에 가니 카메라가 잔뜩 설치되어 있었다. 공판을 기다리고 있는 내 모습을 찍는 카메라들이 부담스러웠다. 빨리 법정으로 들어가고 싶지만 먼저 줄을 서라고 했다. 그때 경위가 "피해자는 맨 앞에 서라"라고 했다. 아주 많은 사람이 온 터라 일부는 들어오지 못할 정도였다.

그가 수감에서 풀려날 날이 아마도 내가 죽을 날이기에 형량을 듣는 게 너무 고통스러웠다. 게다가 이렇게 긴 판결은 처음으로, 거의 30분 동안 읽었던 것 같다. 한 문장 한 문장마다 심장이 요동쳤다. 이건 피해자한테 유리한 거다, 이건 가해자한테 유리한 거다……. 다행히 판사는 가해자의 불우한 가정환경이 감경 요소이지만 이를 참조한다 하더라도 엄벌에 처해야 한다고 했다. 그러면서 직접적인 성범죄 증거는 없다고 덧붙였다. 분노가 치밀었다. 경찰이 성범죄 관련 검사를 제대로 하지 않은 것인데 그 책임을 피해자한테 떠넘기는 것이었다.

재판부가 형량을 얘기했다. 20년이었다. 검사의 구형보다

15년이 낮았다. 절대 받아들일 수 없었다. 심지어 이 양형 기준은 중대범죄 결합 살인미수의 최소형량이었다. 처음부터 끝까지 이해가 안 되는 사법 체계였다. 20년 뒤면 나는 죽겠구나 싶었다. 모두가 이해되지 않는다는 표정으로 법정을 나섰다. 기자들이 몰려와 변호사님이 공식 입장을 말하고, 나도 얘기할 수 있는 시간이 마련됐다. 나는 또 한 번 사법부에 배신당했다고 생각했다. 죄 한 번 짓지 않고 살아온 내가 왜 20년 뒤에 죽을 위협에 놓여야 하는 건지 모르겠다며 울부짖었다. 인터뷰가 끝나고 모두가 따라올 기세였다. 그때 마침 엄태웅씨가 기자들을 불러세웠다. "잠깐만요, 제가 보복 협박 관련된 구치소 동기인데요!"라며 소리 질렀다. 나중에 들으니 계속 쫓아가려는 기자들을 불러세워 나를 탈출시키려 했다고 한다. 카라큘라님에게서도 전화가 왔다. 카라큘라님은 전 국민이 돌려차기 당한 날이라며 분개했다.

나는 그날 부산 MBC, KNN에 가서 인터뷰를 했다. 이 이슈를 통해서라도 범죄피해자들의 처우를 개선해야 하니까. MBC 로비에서 기다리고 있던 「실화탐사대」 강현욱 피디님은 선고 결과를 들은 심정을 물었다. 불행하다고 다 범죄를 저지르는 건 아닌데 어떻게 불행한 가정환경이 감경 요소가 되는지 알 수 없다며 눈물을 흘렸다. 1년 내내 남들을 설득하느라 꾹 참았던 눈물을 그날 모두 쏟아냈다.

하지만 2심이 끝났을 뿐이었다. 아직 3심이 남아 있다. 3심은 법률심, 그러니까 재판에 있어서 불합리한 건 없었는지를 따지는 재판이다. 그저 선고가 정당했는지 판단해주는 대법원 단계라고 하지만 기약 없는 이 싸움이 너무 지긋지긋했다. 가해자가 무조건 상고할 테니 검사 측이 쌍방으로 상고해줬으면 했다. 가해자만 상고하면 파기환송이 되더라도 가해자의 형량이 2심보다 낮아지기 때문이다. 검사가 검토해봤지만 피해자 측이 양형 부당으로 상고할 수는 없다고 했다. 가해자는 할 수 있는데 말이다. 다름 아닌 '피고인의 이익' 때문이었다. 나는 이제야 성범죄에 대한 첫 재판을 받았는데 양형 부당에 대해 따질 수도 없이 종결됐다. 억울했다. 심지어 항문 출혈에 대해서는 다루지도 못했다. 경찰이 잘못한 일로 왜 내가 피해를 봐야 하는지 이해할 수 없었다. 검찰 쪽도 상고할 수 없게 됐다며 사과했다. 당연히 가해자는 상고할 거라고 생각했는데 영 소식이 없었다. 이상하다, 상고를 안 할 사람이 아닌데. 아니나 다를까, 마감 직전에 상고했고, 그렇게 가해자만 상고한 채 3심에 올랐다. 힘이 쭉 빠졌다. 7만 명이 탄원서를 낸 사건인데도 결과가 이렇다니. 수만 장의 탄원서보다 가해자의 반성문과 탄원서 한 장이 더 효과적인 것 같았다. 사법 체계는 철저히 가해자 편이었다.

3심을 하염없이 기다렸다. 그러다 서울에 간 날 「사건반장」 양원보 앵커님을 만났다. 처음 연락이 닿은 건 「사건반장」 채널에서 사건의 CCTV 원본 영상을 공개하고 일주일 동안 정지 처분을 받은 날이었다. 피해자를 위한 일이었음에도 유튜브는 언론사 채널을 정지시켰다. 너무 죄송스러웠다. 그런데 원보님은 오히려 영상이 내려가서 미안하다며 연락을 해왔다. 그 이후로 우린 줄곧 사건과 관련해 연락을 주고받았다. 양원보 앵커는 직업의식이 투철했고 내가 만난 그 누구보다 범죄 사건에 진지하게 임했다. 기자 생활 중에도 사형수에 대한 책『한국의 연쇄 살인범 X파일』을 쓰려고 퇴근 후 판결문을 읽었다고 했다. 세상에 여전히 괜찮은 사람도 많다고 생각하며, 부산으로 돌아가는 길 내내 원보님의 책을 읽었다.

얼마 지나지 않아 가해자의 3심 상고이유서를 확인할 수 있었다. 가관이었다. 가해자가 가족들의 회유로 어쩔 수 없이 상고를 결정했다고 적혀 있었다. 꾸며낸 말일 거라는 생각이 들었다. 진상을 알면서도 감싸고돌 부모가 있을까 싶었고, 프로파일러 보고서에서도 가해자가 가족들을 실제로 자주 만나지 않으며 소식도 모른다고 적혀 있었기 때문이다. 효도를 운운하는 말도 있었지만 살아생전에 가해자에게 그런 기회는 없을 터였다. 나를 이런 상황에 처하게 해놓고는 끝까지 자기만 생각하는 가해자를 보니 치가 떨렸다. 여전히 죄송하다는 말은 짤막했다. 사실관계를 모르는 사람은 마치 내가 언론을 이용해 그의 주장을 묵살했다고 생각할 만했다. 상고이유서는 누가 대필이라도 했는지 어려운 어휘들을 나열했고, 하나부터 열까지 말도 안 되는 소리뿐이었다. 애초에 반성을 제대로 할 사람이 아니었다. 잘못했으면 반성과 인정은 기본인데 어째서 그런 이유로 형량을 줄였는지 이해할 수 없었다. 교도소의 수용인원 과밀을 걱정해 양형 기준을 너그럽게 잡았다가는 범죄자가 많아질 뿐이다. 그리고 그 피해는 국민의 몫일 것이다.

좋은 사람도 많이 만났지만 난 아직도 내가 대한민국 국민이 맞는지 모르겠다. 피해자가 되어보지 않으면 알지 못한다는 말에 너무 공감한다. 피해자를 괴롭힐 시간에 힘 있는 사람들에게 빨리 법을 바꾸라고 다그치고 싶었다. 가해자는 내가 생리 중이었다면 생리대를 봤을 거라고 주장했다. 생리는 입원 후에 시작했다. 자신 있게 성범죄를 부인하더니, 어쩌면 경찰 조사 과정에서 내가 생리를 한다는 얘기를 주워듣고 그랬는지 몰랐다. 당연히 생리 여부로 성범죄 여부가 정해지는 것도 아니었다. 여태 "존경하는 재판장님"이라고 말하던 가해자는 2심에서는 1심 판사와 검사를 욕하고 3심에서는 2심 판사와 검사를 욕했다. 목격자들의 진술이 모두 일치했는데도 진술은 증거가 될 수 없다고 주장했다. 형편없는 잡범의 논리였다.

가해자는 엄태웅씨의 주장도 유튜브 콘텐츠를 위해 지어낸 것이라며, 이 말을 전해 들었을 피해자의 심정이 어떨지 가늠도 안 된다고 적었다. 게다가 바지나 속옷을 벗기는 건 1분이면 되는데, 나머지 6분 동안이나 성폭행을 했겠냐며 하소연했다. 하지만 내 몸은 시체처럼 경직되어 있었기 때문에 바지를 벗기는 것도 쉽지 않았을 것이다. 그가 속옷과 바지를 엉성하게 입혀 놓은 것도 같은 이유에서였다. 책을 쓰면서 알게 됐는데, 내가 사건 직후에는 기억이 있었다고 한다. 응급실에 도착한 언니가 "너 누구한테 맞았대"라고 답하자 내가 "왜 그러세요, 하지 마세요"라고 웅얼거리더니 기억나지 않는다는 말을 끝으로 잠들었다고 했다. 그 이후로 기억은 삭제됐고 아직도 여전히 사건의 진실은 밝혀지지 않았다. 청바지 안쪽에서 가해자의 DNA가 나왔다는 것 말고는 알 수 있는 게 없다. 가해자는 진실을 알고 있을 것이다. 심지어 건물에 들어설 때 가해자가 들고 있던 편의점 봉투에 네모난 물건이 들어 있었는데, 나갈 때는 그 물건이 없었다. 아마 범행 또는 증거 인멸에 사용된 도구였을 것이다. '스모킹건'에도 출연했을 때 내가 CCTV 영상을 다시 본다는 걸 알고 걱정하는 분들이 많았지만, 오히려 나는 영상을 보며 쾌감에 찼다. 자세히 보면 가해자가 공격하던 순간 나도 반격하려고 하기 때문이다. 맞으면서 머리를 먼저 감싸곤 가해자의 급소를 타격하려고 애썼다. 사람들은 영상을 보고 마음이 아프다고 말했지만 난 그 상황 속에서도 강인하게 버틴 스스로가 기특하다고 생각했다.

  가해자의 상고이유서를 김원TV에서 다뤄줬다. 가해자가 '6분 내내 서 있었겠냐'고 주장하자, 김원TV는 "그쪽에 문제 있지 않냐"라고 말했다. 가해자는 발기부전이었다. 구치소에서 나와서 들렀던 정신건강의학과 진단서에 나오는 얘기였다. 그 진단서를 처음 확인했을 때 소름이 끼쳤다. 그 병원은 나도 다녔던 곳이었다. 바로 병원을 찾아갔다. 의사는 1년 만에 방문한 나는 기억하면서 한 달 전에 진료를 받았다는 가해자는 기억하지 못했다. 그래서 가해자가 주장하는 심신미약은 인정되지 않을 거라고 확신했었다. 사건을 공론화한 덕에 가해자 역시 이제 소문에 휩싸일 터였다. 사실이 아닌 말들로 괴로워했던 나와 그의 자리가 바뀌었다. 3심 상고이유서에 분노한 남언호 변호사님은 분노를 꾹꾹 눌러담아 피해자의견서를 작성했다. 무려 41쪽 분량이었다. 심지어 가해자의 알코올 농도까지 계산했다. 피해자 입장에 서려는 그 진심이 부산까지 전해지는 듯했다.

  점차 내게 닥쳐올 현실이 걱정됐다. 3심이 끝나면 가해자의 보복에 대비해야만 했다. 무서워하고만 있는 건 시간 낭비였다. 찾아보니 스토킹이나 보복범죄에 대비해 스마트워치를 지급하는 제도가 있었다. 스마트워치 버튼을 누르면 피해자의 위치가 전송되는 식이었다. 하지만 이미 많은 사람이 스마트워치의 불편함을 호소하고 있었다. 걸핏하면 버튼이 눌려서 경찰들이 호출되고, 심지어 "더 연장할 거냐"는 전화를 받기도 했다고 한다. 가해자가 출소했을 때를 상상해봤다. 출소 소식을 듣자마자 심장이 쿵쾅거릴 테고, 가해자가 끝내 나를 찾아왔을 때면, 속절없이 맞아 죽지 않을까. 이미 사건이 벌어진 뒤에 버튼을 눌러봤자 해결할 수 있는 건 없다. 뒤늦게 현장이나마 수습할 뿐이다. 피해자들이 경찰에게 바라는 건 사후 정리가 아니라 예방이다. 여태 이 장치가 바뀌지 않았다는 게 의문이었다.

  스마트워치와 관련된 기사들을 검색하다가 '양방향 스마트

위치'가 눈에 띄었다. 가해자와 피해자 사이의 거리가 가까워지면 관제센터와 피해자 모두에게 알림이 가는 것이었다. 언제쯤 출시될까 찾아보니 개발부터 무산돼 있었고, 이제는 버튼을 누르지 않아도 되는 스마트워치가 개발 중이라고 했다. 무려 117억 원의 예산이 책정된 사업이었다. 117억 원이면 훨씬 더 고성능 프로그램도 만들 수 있는 금액이다. 도대체 피해자가 왜 이런 스마트워치를 차고 있어야 하는 걸까. 울부짖는 피해자들의 이야기는 도대체가 들리지 않는 걸까. 아무도 피해자의 이야기를 궁금해하지 않는다. 곧 내 사건에 대한 관심도 식어갈 거다. 그때까지라도 양방향 스마트워치를 위해 시간을 쓰겠다고 다짐했다. "가해자가 가까이 오면 알람이 울리는 양방향 스마트워치를 부활시켜주세요"라고 청원을 올렸다. 공개 청원으로 다뤄지려면 기관 검토가 필요한데 그 즈음이면 3심이 끝날 때였다. 20년 혹은 20년보다 적어질지 모를 인생을 앞두고 3심을 기다렸다.

    그날은 '계곡 살인 사건'의 3심 재판도 열리는 날이었다. 대법원 앞이 카메라들로 붐볐다. 3심도 빈센트 법률사무소와 동행했다. JTBC 이호진 기자님과 「실화탐사대」의 강현욱 피디님 그리고 연대자 D님도 보였다. 강현욱 피디님은 휴가 중인데도 3심 결과를 보러 왔다고 했다. 곧이어 경위가 입장하라고 알려왔다. 으리으리할 줄 알았던 대법원은 소강당처럼 협소했고 판사들은 빠르게 사건을 읊고 넘어갔다. 다른 사건들의 3심이 예상보다 빨리 지나갔고, 그 속도만큼 내 심장도 더 빠르게 쿵쾅거렸다. 제발 형량이 20년보다 줄어들지 말길, 부디 사법 체계가 날 배신하지 않길 기도했다. 다행히 상고는 기각됐고 형량이 20년으로 확정됐다. 1년 4개월 만에 드디어 이 장의 막이 내렸다.

지긋지긋한 사건이지만 떠나보내는 심정이 복잡했다. 법정 밖에는 기자들이 기다리고 있었다. 피해당사자가 이렇게까지 적극적이었던 적은 없었을 거다. 다들 사건에 맞서려는 나를 잘 이해하지 못했기에 정말 힘들고 외로운 싸움이었다. 사법 체계를 증오하기도 했지만 그저 피해자들을 돕겠다는 마음으로 견딜 뿐이다. 언젠가 다시 법원이 좋아질지 모르지만, 아직은 아니다.

20년 형량이 확정되고, 기분이 어떠냐는 기자들의 질문에 나는 이제 시작일 뿐이라고 답했다. 사건 기록을 자세히 읽지 않은 사람들은 20년이 지나치다고 말할 것이다. 하지만 나는 확신하며 말할 수 있다. 이 사건은 과소평가되었을지언정 과대평가되지 않았다고. 우연히 살인미수에 그쳤을 뿐이다. 이 사건뿐만 아니라 당시에는 칼부림 사건이 자주 발생했는데, 판사들은 하나같이 너그러운 양형 기준으로 질책받고 있었다. 보복범죄에 대한 수사는 아직 시작 단계에 불과했다. 갈 길이 멀었고 엄두가 안 났지만, 그래도 끝까지 갈 것이라 다짐했다. 지긋지긋하더라도, 끝까지.

누가 피해망상이랬어

사건은 서서히 잊히겠지만 나는 이제 시작이다. 가해자가 20년 뒤를 기다리며 수감생활을 견디는 동안 나 역시 그날을 생각하며 점차 시들어갔다. 끝내 보복당할 미래의 나를 상상하면서 말이다. 모두가 그저 피해자들이 주로 얘기하는 피해망상이라고 말했다. 나도 내가 너무 예민한가 싶었지만 사건 기록 1268장을 다 읽고는 확신할 수밖에 없었다.

실제로 가해자는 범죄 사실을 인정하고 반성한다는 취지로 1심에서 감형받았지만 그 후 보복을 계획했다. 구치소에서 내 집 주소를 얼마나 외워댔는지 출소한 사람도 외울 정도였다. 들어보니 자신의 엄마가 죽어서 장례를 치를 때 도주한 뒤 나를 죽이러 올 거랬다. 가해자들이 다들 보복을 계획한대도 피해자의 집 주소를 재소자들 앞에서 달달 외우다가 들키는 가해자는 없었다. 구치소에서 보복범죄를 계획하고 피해자에게 들킨 최초의 사례 아닐까. 교정청에서는 피해자 조사가 필요하다고 했다. 부산구치소로 오라는 말에 너무 무서워서 부산여성의전화에서 보자고 했다. 교정청에 대해서 아는 바가 없었기에 혹시 보복과 관련된 가해자의 계략은 아닐까 직원을 의심하기까지 했다. 만나 보니 평범한 형사처럼 보였고, 교정청의 전재호 수사관님은 내게 어떻게 엄태웅씨를 알게 됐는지, 이사한 집 주소를 가해자가 어떻게 알아냈는지 물었다.

심지어 2022년 5월 22일, 사건이 벌어진 곳은 내 집이 아니라 남자친구의 오피스텔이었다. 하지만 정신을 차렸을 때 나는 이미 귀가 중이었던 것으로 알려져 있었고 정정보도도 할 수 없었다. 그러니 더더욱 가해자가 내 집 주소를 알 방법이 없었다. 아무래도 이상해서 찾아보니 민사소송으로 개인정보가 노출된 사례가 많았다. 사법 체계는 내게 사건 자료를 보려면 민사소송을 제기하라고 했는데 이 때문에 이제 목숨까지 내놓게 생긴 것이다. 피해자 주소처럼 민감한 정보가 이렇게 다뤄질 수 있다는 게 허탈했다. 주소가 노출되면 끝이다. 이름, 주민등록번호보다 더 까다롭게 관리되어야 하는 게 주소다. 보증금은 누가 보상해 주겠냐고. 개인정보 열람 제한 신청 등을 통해 인증번호를 입력해야 정보를 열람할 수 있게 하는 체제가 필요했다. 처리할 일은 태산인데 뭐부터 해야 할지 막막했다.

사건 초기에는 제보를 받고 싶어서 SNS에 '모르는 사람에게 폭행당했다'는 게시글을 올렸지만 이제는 내가 원치 않아도 제보가 들어온다. 가해자가 얼마나 악질이었기에, 출소한 재소자들까지 나를 찾았다. 수사관님이 재소자 중 10명의 진술을 받았다고 했다. 가해자는 정말 오만가지 얘기를 떠들어댔다. 재소자들이 왜 출소하고까지 나를 찾았는지 알 만했다. 자기 맘에 안 드는 재소자에게는 "호들갑 떠는 게 피해자 년 같네요"라지 않나, "발차기 한 번에 2년씩 총 12년 받았다"라고 억울해하다가 재소자가 내 편에 서기라도 하면 "형님도 자기망상이랑 합리화가 심하다"라고 비꼬아댔다. "미어캣 년이 재판마다 참석해서 질질 짠다"며 염병을 떤다고도 했다. 난 2심 끝에 울었을지 몰라도 1심에선 감정 한 톨 보이지 않았다. 재판에서만큼은 절대 감정을 보이지 않으려고 악착같이 참았다. 누구보다 이성적으로 보이고 싶었다. 가해자는 한 술 더 떠 내가 사건 공론화를 하는 것을 두고 "확성기 년"이라고 조롱했다.

가해자는 피해자가 언론을 통해 자신에게 강간범 프레임을 씌우고 있다고 억울해했다. 나는 해결되지 않은 의문점이 있다고 밝혔을 뿐, 강간을 확정적으로 주장한 적이 없었다. 가해자는 "개씨발 년, 미친 년, 때려죽이고 싶다"라고 말했다. 그런 말들이 자기를 더 강하게 만든다고 생각했을까. 허세에 찬 가해자가 가소로웠다. 여자를 상대로 거구의 남성이 뒤에서 기습이나 해놓고는. 얼마나 하찮은가. 혹여나 이따위 인간을 마주치더라도 겁먹을 것 없다. 방어기제 가득한 나약한 인간일 뿐이니까.

가해자의 발언들은 다 명예훼손에 해당했다. "피해자 년이 얼마나 담배를 피워댔는지 가래 끓는 목소리가 듣기 싫다"든가, "법정에서 우는 척 연기하는 게 배우 같다"는 말들도 해댔다. 담배는 피우지도 않거니와, 그 법정에서 내가 우는 연기를 한다고 생각한 사람은 아무도 없을 것이다. 2심 최후 진술 때 나는 너무 힘들었다. 울부짖다가 해야 할 말을 미처 못하고 끝날까봐 걱정될 정도였다. 그걸 연기라고 생각한다면 사이코패스 검사를 받아야 한다. 피해자가 어떻게 생겼는지 궁금해하는 재소자도 있었다. "노래방 걸레처럼 생겼다"거나 "네가 지금 뱉은 가래침같이 생겼다"라고 묘사했단다. 재소자들에게 내가 숨김없이 전부 얘기해달라고 해도 말을 아낀 이유를 알 것 같았다. 차마 자기 입으로 뱉기 민망한 수준의 말들이었다.

재소자들은 출소하고 나서야 가해자의 말들이 다 거짓이었다는 걸 알았다고 했다. 1심이 끝나고부터 재소자들 사이에서도 사건 내용을 아는 사람이 많아졌을 것이다. 가해자는 구치소에서도 재소자들을 괴롭히고 영치금을 갈취하거나 그 돈으로 도박을 하는 등 문제투성이였다고 했다. 어떤 재소자가 가해자에게 "진짜 안 따먹었냐"라고 물었더니 "걸레처럼 생겨서 따 먹을 생각도 안 든다. 쥐도 안 먹는다"라고 말했다고 한다.

모든 재소자의 진술을 들은 뒤 수사관님에게 물었다. "저 못생겼어요?" 수사관님은 단호하게 아니라며 진지하게 답해주셨다. 가해자는 법정에 원피스를 입고 오는 나를 비꼬기도 했다. 이제는 다른 재소자들이 하도 물어대는 통에 따 먹었다고 답하는 모양이었다. 더 이상 궁금하지도 않다. 교정청에서는 보복범죄와 관련해 원하는 바가 있는지 물어왔다. 가해자가 누구와도 소통하지 못하게 해달라고 간곡히 부탁했다. 그렇게 그는 서신특별관리대상자가 되었다.

인터뷰 2

법과 싸우다
오지원(법률사무소 법과 치유 대표)

나는 30여 년 전 성폭력을 당했다. 20년도 넘게 그때의 고통은 언어가 되지 못한 채 내 삶 구석구석에 남아 있었다. 2005년부터 판사로서 법조인 생활을 시작했다. 여전히 그때의 나처럼 언어를 가지지 못한 분들이 많다. 각자 사정이 있을 수밖에 없고, 처벌의 불확실성이나 형사절차에서의 소외, 사회적 편견과 혐오 등, 법과 제도는 피해자들을 위축시키고 목소리 내는 걸 두려워하게 만든다. 이런 상황에서 김진주님과의 대화는 시원했고 청량했다. 우리 둘 다 부산 출신에 성격도 비슷했다. 정도 많고 화끈해서 만날 때마다 격하게 부둥켜안는다.

김진주님이 활동을 결심한 그 마음에 깊이 공감했다. 범죄와 재난으로부터 수시로 생명과 안전이 위협받는데, 국가는 제대로 된 보호도 존중도 하지 않으며 피해자의 권리도 인정해주지 않는다. 그러니 삶이 아무리 바빠도 다른 피해자들을 외면할 수 없던 것이다. 때로는 변하지 않는 사회와 사람들이 거대한 벽처럼 느껴진다. 그만두고 싶은 마음도 생긴다. 하지만 눈앞에 당장 보이는 작은 구멍부터 파고들다 보면 그럼에도 꽤 많은 변화가 생긴다.

완벽하지 않더라도 결코 무시할 수 없는 변화. 무엇보다 나 자신부터 변해 있다. 나는 더 이상 피해를 '당한' 무기력한 어린아이가 아니다. 내 경험을 말할 수 있으며, 말해도 되고, 공감받을 자격이 있다는 걸 이제 안다. 문제를 '직면'하면 조금씩 해결에 가까워진다는 것도 안다. 때로는 회피가 안전할지 모른다. 하지만 나는 이미 20년 넘게 회피해왔으며, 이 같은 깨달음은 내가 피해자들과 함께하지 않았다면 결코 얻지 못했을 치유였다. 스스로를 사랑하고, 내면에 귀 기울이고, 말이 통하는 사람들과 서로를 보살피는 것 모두 치유였다.

김진주님이라고 지치지 않거나 두렵지 않을 리 없다. 툭하면 가해자는 협박을 해대고 세상은 변하지 않을 것만 같다. 때로는 숨 막힐 것이다. 김진주님 그리고 세상의 모든 피해자가 스스로를 가장 아끼고 최우선으로 보살폈으면 한다. 피해자가 된 건 죄가 아니다. 나 때문에 가족까지 힘들어졌다고 자책하지도, 스스로를 원망하지도 말자. 당하고 싶어서 당한 게 아니다.

우리는 힘들 때 공감해줄 서로가 필요하다. 성격이 달라도, 다 다르게 생겼어도, 비슷한 경험을 했다는 이유로 서로에게 공감하며 치유자가 될 수 있다. 공감의 힘은 세다. 엄청나게 강력하다. 그 힘으로 설령 느릴지언정 국가, 검찰, 법원, 국회, 사람들을 바꿀 수 있다. 그 힘이 우리 안에 있다는 걸 잊어선 안 된다. 우리는 피해를 입었지만 거기서 멈추지 않는다. 피해자는 문제를 해결하는 사람들이다.

오지원 수사 과정 전반에서 가장 문제가 심각했던 것부터 얘기해볼까요? 절차적, 실질적 권리라는 게 있으니까요.

김진주 아무 정보도 공유받지 못하는 게 가장 힘들었어요. 처음에는 가해자가 도주했다기에 모든 사람을 다 경계했죠. 그런데 인스타그램 쪽지로 어떤 제보자가 범인이 잡혔다는 거예요. 이게 무슨 소리지, 그럼 당연히 내가 먼저 알아야 한다고 생각했죠.

오지원 입원 중이어서 수사 과정에 직접 참여하기는 어려웠지만, 정보를 알고 싶었고 들을 수 있을 거라고 기대했다는 거죠?

김진주 네. 그런데 제가 해리성 기억상실 상태여서, 형사님들이 도움이 안 될 거라고 생각을 하셨는지……. 입원 중에 기사를 찾아보니 가해자가 잡혔다는 거예요. 그래, 기자가 빠를 수 있지. 그래도 금방 저한테도 연락이 올 거라고 생각했죠. 그런데 안 오더라고요. 그렇게 며칠이 지났더니 가해자의 주장이 담긴 기사가 나오는 거예요. "피해자가 기분 나쁘게 쳐다봤다." 저는 가해자가 잡힌 소식도 못 들었는데 그런 주장도 기사로 처음 듣게 된 거죠. 정말 이상하다 싶었어요. 가해자가 잡혔는지 정도는 얘기해줄 줄 알았거든요. 조정이나 화해, 그 단계까지 안 가더라도요. 그런데 죄다 기사를 찾아봐야 하니까, 그때부터 피해자는 그냥 방청객에 불과하다고 생각하게 됐어요. 그게 첫 번째 소외였던 것 같아요.

오지원   언론에서 가해자에게 나쁜 프레임을 씌우기 위해 보도한다고 하더라도 그런 전후 사정을 모르는 피해자들은 정보가 언론을 타는 것만으로도 두려울 수 있고요. 김진주님은 입원 중이기도 해서 목소리를 내지 못하는데, 가해자의 목소리만 언론에 노출됐군요. 가만히 있다가는 완전히 소외되겠다고 생각하셨고요.

김진주   네. 그리고 모르는 사람한테 습격당한 데다가 가해자의 개인정보도 안 알려주니까 사실 가해자가 남자인지 여자인지도 몰랐어요. 코로나19로 병원에 아무나 들어오지 못한다는 걸 알면서도, 가해자가 보복하러 올지 모른다는 생각에 사흘 내내 초조해했죠. 계속 긴장 상태에 있었던 거예요. 피해자가 피말라 죽고 있다는 걸 모르는 건지, 아니면 아는데도 수사에 방해가 된다고 생각해서 얘기를 안 하는 건지. 아무것도 이해할 수 없더라고요.

오지원   수사기관에서 피해자에게 당연히 가장 먼저 가해자가 잡혔고, 가해자가 어떤 사람인지, 어떤 경위로 잡혔는지 설명해줄 줄 알았는데 그런 과정은 하나도 없었군요?

김진주   물론 개인정보까지는 못 받을 줄 알았어요. 그런데 가해자가 잡힌 것까지 알려주지 않다니, 너무 이상했어요.

오지원   가해자가 잡혔는지, 안 잡혔는지는 피해자의 안전과 직결되는 예민한 부분인데 말이죠. 피해자가 알기 전에 언론부터 보도되는 게…… 세월호 참사를 비롯해 다른 사건에서 피해자들이 가장 분노했던 지점도 그거였어요. 당연히 사건 당사자들한테 먼저 정확한 정보를 줘야 하는데 언론 보도에서 뒤늦게 알게 되는 거요. 실제로 정부의 사고 대응 기능을 살펴보면 국민을 대상으로 하는 공보 기능이나 홍보 기능은 있는데 피해자에게 정보를 전달하는 기능이 없어요.

김진주 피해자에게 전달할 정보를 정리하고 고지하는 팀이 없나요?

오지원 없어요. 장례나 심리치료 등 피해 지원을 담당하는 곳은 있어요. 재해구호법상 정해진 지원 내용인데, 애초에 그 재해구호법부터 낡았기 때문에 정보 공유처럼 피해자가 필요로 하는 기능을 훈련받은 공무원들이 없는 거죠. 수사기관에서 피해자들의 정서나 상태를 이해할 수 있도록 훈련하는 교육 제도도 없고요. 그러니까 수사기관은 시행령상 전달해야 할 정보를 고지할 뿐 피해자에게 정보를 먼저 알려줘야 한다는 인지 자체가 없고, 가해자 처벌에 있어서 피해자는 증인이나 협조의무자로만 생각되는 거죠. 피해자는 형사사건 당사자가 아니라고 얘기하면서 권리 주체로 인정해주지 않고요. 국가 입장에서 피고인의 방어권은 아주 익숙한 권리인 반면 피해자의 권리는 아주 낯설고 아직 적응하지 못한 신생 권리랄까요. 그러니 현실에서 피해자들이 처음부터 끝까지 소외감을 느끼고 억울함도 느끼죠.

김진주　사실 어떤 수사 과정에도 참여할 수가 없었어요. 납득되질 않았어요. 범죄피해 후 기억상실을 겪는 분들이 많은데, 이 흔한 증상에 대처하는 매뉴얼이 없다는 게 이상했어요. 내가 아무 말도 할 수 없고, CCTV 영상도 볼 수 없고, 어떤 사건 자료도 볼 수 없는데, 그렇다면 가해자의 진술만이 사실이 되나? 엄청 숨 막혔죠. 나는 지켜만 보면 되나? 재판 때까지 숨죽이고 기다려야 했어요.

오지원　국가가 가해자를 처벌하는 데 있어서 피해자가 거짓 증언을 해선 안 된다는 관점만 있었거든요. 거짓말로 억울한 사람이 생기면 안 된다는 관점이 강하다 보니, 피해자한테 어떤 정보가 들어가서 피해자가 그에 맞춰 진술을 조정하는 걸 경계해요. 피해자의 알권리라든지, 사건 진행 상황을 피해자한테 알려줘야 한다든지, 아직 이러한 피해자 중심적 관점이 없어요.

김진주　저도 피해자의 진술이 흔들리거나 법정에서 싸우는 장면들을 많이 봤기 때문에 허위 진술을 방지하고 진술이 오염되지 않게 하려는 의도는 이해해요. 그런데 저는 애초에 기억이 없잖아요? 어떻게 거짓말을 하겠어요, 도대체…….

오지원　예를 들면 그런 거죠. 처음에는 기억이 안 났다가…….

김진주　되돌아왔다고 할까봐요?

오지원 그렇죠. 이게 피해자를 의심한다는 측면에서 피해자는 분명 억울한 마음이 들죠. 예를 들면 이번 사건은 CCTV가 있었고 피해자가 명백하잖아요? 그런데 만약 피해자를 특정하는 게 애매한 상황이라면 진술을 꾸며낼까봐 의심하는 거죠. 하지만 모든 피해자를 일단 의심하며 대한다는 게 문제죠.

김진주 저도 이 사건이 형사재판으로 다뤄지고, 형사재판은 국가와 피고인의 문제지 피해자는 재판 당사자가 아니라는 건 납득하겠는데…… 회복적 사법이라고 하잖아요? 회복이라는 말을 쓰면서 가해자가 합의를 원하는지, 반성은 하는지, 아무것도 알려주지 않으면 어떡하죠?

오지원 가해자가 자백을 하는지 부인을 하는지도 몰랐어요?

김진주 네.

오지원 국가가 피해자를 어떻게 대한다고 느꼈나요? 항의라도 할까봐 무서워하는 것 같았나요?

김진주 아니요. 그저…… 저한테 아무것도 궁금해하지 않았어요. "괜찮으시냐?"가 전부였죠. 그런 말은 아무나 할 수 있어요. 저는 사건을 수사하는 사람한테 듣고 싶은 얘기가 따로 있는데, 지금 심리치료사랑 대화하는 게 아니잖아요. 답답했죠. 허탈했고요.

오지원 수사의 기밀성만 강조되고 피해자의 알권리나 피해자가 국가의 기소를 돕기 위해 증거를 제출하고 적절하게 참여할 권리는 전혀 보장되지 않았다는 거군요. 검찰은 어땠어요?

김진주 별 연락 없었죠. 그렇다고 사건 기소가 너무 지연된다는 느낌은 아니었어요. 구속 사건은 꼭 끝내야 하는 기한이 있으니까요.

오지원 CCTV 영상이라는 명백한 증거가 있었으니까요. 그런 증거가 없는 사건에서 다른 피해자들은 1~2년씩 기다려요. 대체 일이 진행되고 있나 싶다니까요. 조사 중이라는 말만 하고 아무것도 안 알려주니, 불신이 생기죠. 결국 이 사건이 어떤 죄명으로 수사 중인지도 전혀 몰랐던 거예요? 언론 보도로 알았나요?

김진주 중상해 사건으로 취급되면서 재판에 들어갔다는 건 알았어요.

오지원 살인미수로 죄명이 바뀐 건 들었어요?

김진주 중상해 사건에서는 의사 소견서가 있어야 해서 제가 알게 됐지만, 살인미수로 죄명이 바뀐 건 사건번호 검색해보고 알았죠.

오지원 사건번호를 검색해서 알았다는 얘기는 기소된 이후에 알았다는 건데요?

김진주　형사사법포털에 검색했더니 저는 권한이 없대요.

오지원　현재 경찰과 검찰에는 피해자가 정보 공개를 청구해서 고소장을 받지 않으면 피의자가 조사를 받았는지, 수사 상황은 어떤지 알 길이 없어요. 이송했는지, 송치했는지 정도만 통지되고, 어떤 체계 내에서 어떻게 진행되는지를 온라인에서 확인할 수가 없는 거죠. 법원도 사건 검색이 가능하도록 사이트를 구축해뒀는데, 이보다도 훨씬 더 못한 거죠.

가령 피해자가 피의자를 죽일 수도 있다, 이런 예외적인 상황을 걱정해서인지, 결국 피해자의 알권리가 전반적으로 보장되지 않는 상황이에요. 조사 과정만 제대로 알려주면 진술이 오염될 걸 걱정하지 않아도 될 텐데 말이죠.

'수사는 우리가 알아서 하는 거야'라는 생각에 휩싸여서 '피해자가 알 게 뭐가 있어? 결론만 통지해주면 돼'라고 결론지은 거죠. 법원은 공개 재판이 원칙이니까 쌍방 당사자가 과정을 알 수 있도록 한 거고요. 하물며 제삼자도 재판을 볼 수 있도록 법정은 열려 있어요. 그런데 수사는 피해자가 몰라도 상관없다는 거예요. 수사 과정에서 피고인에 대한 가혹 행위도 이런 맥락에서 문제가 된 거고요. 법조인들도 처음부터 수사는 기밀이고 밀행성이라고 배우니 문제의식이 없고요. 심지어 피해자들은 수사기관에 괜히 권리를 주장했다가 수사 결과가 불리하게 나오면 안 되니까 강력하게 권리를 주장하기도 힘들죠.

김진주   '공탁' 제도가 생긴 이유가 궁금해요. 공탁은 합의만으로는 한계가 있어서 도입된 제도라고 알고 있는데, 언제부터 공탁이 양형 기준이 된 거예요?

오지원   사실 국가가 피해자의 입장에 충분히 공감하지 않고 만든 제도죠. 피해자도 민사소송을 하려면 자기 개인정보가 노출될 위험을 감수해야 하는데, 가해자가 형사사건에서 신속하게 합의하든지 공탁을 하면 피해자도 복잡한 민사소송과 강제집행 절차까지 안 가도 되죠. 가해자의 그런 노력을 국가가 고려한다는 맥락에서 공탁이 양형 사유가 된 거예요.
  피해자는 이 제도가 근본적으로 어긋났다고 느낄 수밖에 없죠. 감경 사유의 핵심은 반성과 피해 회복을 위한 노력, 재발 방지를 위한 사과여야 하잖아요. 중요한 건 가해자가 정말 노력했는지이지 돈을 들였는지가 아닌데 말이죠. 가해자의 금전적인 행위를 양형 기준으로 판단해버리면 피해자는 오히려 모멸감을 느끼죠. 그런데 원래 공탁 제도는 범죄피해를 전제로 만들어진 게 아니라 민사에서 도입된 거였어요. 채무자가 돈을 갚고 싶은데 채권자가 안 받으면 채무자는 잘못도 없이 이자를 부담해야 하니까 이럴 때 공탁 제도를 이용해서 변제할 수 있는 거였어요. 이게 범죄 사건에 접목되면서 감경 사유가 돼버린 거죠.

김진주   저는 죽어도 공탁은 싫을 것 같아요.

오지원 그렇죠. 많은 피해자가 가해자의 감경을 원치 않아서 공탁을 선택하지 않아요.

김진주 저만 해도 돈을 더 주고라도 형량을 늘리고 싶어요. 가해자는 형량을 줄일 방법이 많은데 피해자는 탄원서 이외의 방법이 딱히 없는 것 같아요. 저는 합의, 공탁, 배상명령이 공존하는 것도 잘 이해가 되지 않았어요.

오지원 민사소송처럼 피해자가 번거로운 절차를 밟지 않을 수 있도록 배상명령 제도를 둔 거예요. 때로는 일실수익이라든지 손해배상액이라든지, 복잡한 계산이 필요한 사건이 있거든요. 그런데 복잡할 것 없이, 위자료를 지급하면 되는 사건에서는 형사사건 판사가 배상을 명령할 수 있는 제도를 만든 거예요. 배상명령 제도가 활성화되면 피해자한테 유리하죠. 따로 민사소송을 제기하지 않으니 법정에 두 번 갈 필요도 없고, 배상명령 신청서만 제출하면 신분 노출 없이 가명을 사용해도 되고요.
예전에는 가해자랑 합의했으면 무조건 집행유예였어요. 예를 들면 살인미수인데도 집행유예를 받는 거죠. 지금은 그렇게까지 형을 감경할 수는 없다고 해서 특별양형인자 제도가 있어요.

김진주 판사들이 감경 사유를 확인하면서 양형 기준을 펼쳐볼 텐데요. 전문가가 아닌 저로서는 '도대체 왜 이렇게 많은 양형 기준들이 있을까' 싶더라고요. 교도소에 수감자들이 너무 과밀해서 그런가요?

오지원 일반 시민들은 대부분 언론에서 다룬 극히 일부의 사건만 접하잖아요. 그런데 실제 판사들이 접하는 사건은 정말 다양하거든요. 살인 사건에도 평생 가정폭력을 당하다 살인에 이른 정당방위 살인부터 악마가 저지른 게 아닐까 싶은 살인이 있어요. 범주가 다양하다 보니 법정형만으로는 도저히 형량을 정할 수가 없는 거죠. 양형 사정이 다양한 것을 두고 그저 피고인들의 형을 깎아주려는 의도라고 보기는 어렵고요. 다만 감경 사유가 이따금 쉽게 적용되는 운영상의 문제가 있는 거죠. 또 양형이 적정한지 자주 논란이 일다 보니 언론에서 문제시한 사유가 추가되면서 양형 사유가 많아진 것도 있고요.

김진주 양형 기준은 왜 이렇게 복잡하고 판사에게 왜 그렇게 많은 감형 권한을 주는 거예요?

오지원 형법 제51조(양형의 조건)는 1953년 제정형법에서부터 있었고 단 한 번도 개정되지 않았어요. 판사가 형을 정함에 있어 범인의 연령, 성행, 지능과 환경, 피해자와의 관계, 범행 동기, 범행 수단과 결과, 범행 후 정황을 고려하라고 되어 있어요. 모든 양형 요소가 피고인 측 사정이지만 꼭 감경하라는 의미는 아니에요. 형사 처벌의 목표가 응보와 범죄 예방에 있는데, 예를 들어 어리고 초범인 데다가 피해 정도가 크지 않고 범행 동기가 우발적이고 범행 후 지극히 반성하는 태도를 보인다면, 종합적으로 고려해서 더 심한 범죄자가 되지 않도록 이번에는 기회를 주라는 의미도 있고요. 반대로 자기 행동에 충분히 책임질 나이이고 범행 동기도 지극히 계획적인 데다가 범행 후 도주를 하거나 증거를 인멸한다면 형을 가중하라는 의미도 있는 거죠.

예전에는 성폭력 사건은 합의만 하면 친고죄를 적용해서 처벌을 안 하거나 집행유예가 내려졌어요. 양형이 너무 낮다는 비판이 많았죠. 그런데 판사들은 피고인들 사이 형평성도 고려해야 하거든요. 즉 유사 사건과 균형을 맞춰야 하는 거죠. 그런데 양형 관행 자체가 워낙 낮게 형성되어 있다 보니 형평성을 맞출수록 형이 낮아질 수밖에 없는 거예요. 그래서 기존 사례들로 양형의 평균값을 내보고 국민 정서까지 감안해서 양형 기준을 높여보자는 논의가 시작됐죠. 그렇게 범죄별로 구체적인 양형 기준이 만들어졌어요.

문제는 아무리 기준을 세워둬도 개별 사건의 양형 심리에서 검찰은 구형 의견만 말할 뿐 피고인에 대한 가중 사유를 주장하지 않고 피해자의 입장도 전달되지 않아요. 피고인은 자신에게 유리한 감경 사유를 깨알같이 주장하는데 이를 일일이 확인하지 않고 감경 사유로 삼다 보니 피해자나 일반 국민이 보기에 부당해 보일 수밖에요. 특히 가해자가 피해자에게 반성의 태도를 보인 적이 없는데 판사 앞에선 반성했다고 감경 사유에 적혀 있으니 반발은 더 심해지죠.

김진주　반성의 기미도 안 보이는데, 형을 깎아주려고 반성했다는 양형 기준을 가져오는 건가 싶었어요.

오지원　사실 반성은 실제 형량에 큰 영향을 미치지는 않아요. 형식적인 감경 사유이기도 하고요.

김진주　정말이지, 판사가 어떤 근거로 피고인이 반성했다고 판단하는지 알 수 없더라고요.

오지원　그래서 요즘은 양형 조사 보고서라는 걸 쓰기는 해요. 보고서를 아주 세밀하게 적어야 하면 더 좋을 텐데요. 근거가 명확한 사유만 적용하게 하고요.

김진주　과연 판사가 피고인이 반성하는지 진짜 알 수 있을까요. 그건 스스로만 알 수 있는 게 아닌가 싶은데 말이죠.

오지원　저도 성폭력 재범 방지 교육을 갔다가 깜짝 놀랐는데요. 그 자리에 있던 사람들 모두 3년 이상 복역한 성폭력 가해자들이었거든요. 무거운 처벌을 받은 사람들이었던 거예요. 강간 이상의 범죄를 저지른 사람들 말이에요. 그런데 출소를 앞둔 사람들이 아무도 반성을 안 하고 있는 거예요. 저지른 범죄를 직면하기는커녕 그 여자가 이상했다는 얘기를 계속 해요. '그년이 이상한 년이었어.' 이런 얘기를요.

김진주　교정 시설도 계속해서 근본적인 문제 해결에 힘써야 하는데, 형량이 끝나면 다 그만이라고 생각하는 것 같아요.

오지원　아까 얘기로 돌아가서, 재판 중에 기일 통지는 받았어요?

김진주　처음만 통지받았고 이후에는 제가 사건번호 검색해서 찾아갔죠. 재판 끝날 즈음 검사랑 변호사, 피고인, 판사가 기일을 조율해서 얘기해주잖아요. 그걸 기록해두고 찾아갔어요.

오지원　다음 기일을 정할 때 피해자한테는 안 물어보죠?

김진주　전혀요.

오지원　피해자 대리인한테도 안 물어보고요.

김진주　심지어 피해자나 대리인이 왔는지 물어보는 사람도 극히 드물어요.

오지원　그럼 법정에 출석했다는 걸 김진주님이 직접 알렸어요?

김진주　제가 계속 가다 보니 알아차리더라고요. 탄원서에도 적었고요. 변호사를 선임하고부터는 피해자가 출석했는지 물었어요. 정말이지, 매 과정마다 양면을 보는 거예요. 수사에서도 사법 체계에서도, 변호사가 있을 때와 없을 때, 미디어가 주목할 때와 안 할 때를 다 겪어봤죠.

오지원   (웃음) 우리나라 법원, 검찰은 여론이 엄청 중요해요.

김진주   처음 1심 재판 때는 피해자가 왔는지 안 물어보더니, 제가 민사소송 때문에 변호사를 구하니까 그제야 피해자도 출석했는지 묻더라고요.

오지원   사실 형사재판 판사들한테 피해자 출석은 익숙하지 않아요. 검사가 피해자를 대변하기로 되어 있고, 이게 전통적인 방식이었으니까요. 근래 범죄피해자 보호법이 형사절차상의 참여권을 규정하지만 이런 법이 있는지 잘 모르는 판사도 많을 거예요. 그래도 요즘에는 중대 사건일 때 피해자를 양형 증인으로 신청해서 진술을 듣고자 하기도 해요.
제가 19년 차 법조인인데 증인으로서가 아니라 방청을 하러 온 피해자는 거의 못 봤어요. 따로 기일을 통지받지 못하기도 하고, 생업에 바빠서 사건이 어떻게 진행되고 있는지 일일이 검색하며 알아보기도 어렵고요. 피해자가 피고인에게 공포심을 느끼기도 하고, 아니면 아예 잊어버리고 싶어서 관심을 두지 않을 수도 있고요. 법정에 나간다는 것 자체가 상당한 스트레스니까요.

김진주   피해자가 방청하러 가면, 중대 범죄피해자여도 가림막도 없이 앉잖아요.

오지원 그게 핵심인데, 성폭력 등 몇몇 범죄피해자들은 증인에 대한 지원 제도나 보호 제도를 적용받지만, '증인이 아닌 피해자'를 보호하는 제도가 없다는 거예요. 우리나라는 언제나 논란이 일면 딱 그 부분의 법을 개정하는 식으로 문제를 해결해왔는데요. 성폭력 피해자들의 2차 피해가 워낙 사회적으로 문제였기 때문에 외국 제도를 따와서 신뢰관계인 동석 제도 등의 증인 보호 방안을 만들었거든요. 근데 이 제도를 논란이 일 때만 딱 그 사건에 적용하거나 확대하는 식이에요. 사실 취약한 증인 전반에 적용해야 하고, 피해자가 증인으로 출석하지 않더라도 절차적으로 참여할 권리가 있으니 방청 시 보호를 해줘야 하는데 말이죠. 체계를 제대로 갖추질 않고 늘 문제가 불거지면 딱 그 지점만 보죠.

김진주 피해자는 증인으로 나서지 않으면 보호고 뭐고 없이 다른 방청객들과 똑같고요.

오지원 보호 장치가 없으니까, 가해자를 두려워하는 피해자는 아예 법정에 갈 수도 없죠. 다른 범죄피해자는 이 제도마저도 없거나, 있어도 잘 적용되지 않아요.

김진주 저는 성폭력을 당했는데도 살인미수 피해자로만 되어 있는 탓에 2심 재판이 끝날 때까지 성폭력 피해자로서 보호받지 못했어요. 피해자들은 생명이 위태롭거나 극도로 정서가 불안할 때도 끝까지 가보려고 힘을 내는데 말이죠. 사실 이 또

한 가족들을 걱정해서 혼자 감내하게 될 때 너무 고달프고요.

오지원 살인 사건 공소장에는 살인 방식도 자세하게 적혀 있는데요. 공소장을 보냈다가 유가족에게 트라우마가 되면 어떡하냐며, 그러니까 피해자가 신청할 때만 법원이 열람 등사를 허가해주는 거라는 사람도 있어요. 사실 피해자의 알권리 자체에 대한 인식이 낮은 거죠. 열람 등사 허가 범위도 판사 재량인데, 허가하지 않으려는 경우도 많거든요. 피해자는 증인이라는 생각이 강해서 피해자의 진술 오염을 우려하는 탓이죠. 피고인의 방어권을 보장하자는 게 주된 사고방식이고요.

김진주 물어봐야죠. 피해자에게 알고 싶냐고요.

오지원 그럼요. 상세하게 권리를 안내해야죠. 특히 기소할 때 문자로만 공지할 게 아니라 조사 결과 어떤 혐의가 인정되었는지, 더 자세히 알고 싶은지 물어봐야죠. 공소장에는 트라우마를 유발할 수 있는 내용이 포함된다는 것도, 모르고 싶다면 공지하지 않겠다는 것도 안내해야 해요. 이런 소통 없이 공소장 내용도 모르는 상태에서 피해자가 어떻게 열람 등사를 신청하겠어요. 검사실은 문의 전화도 잘 안 받고요. 실질적으로 피해자의 알권리를 위해 제도가 마련될 필요가 있어요.

김진주 그러려면 피해자들에게 질문해야 하는데…… 그러는 걸 본 적이 없어요.

오지원 피고인이 범행 진위를 다투는 경우가 아니더라도 법정에 나와서 진술할 수 있다는 건 누가 알려줬나요?

김진주 검찰 수사관한테요. 진술하고 싶냐기에 그렇다고 했죠. 물론 1심 때는 아무 안내도 못 받았고요.

오지원 그러니까 형사소송법에서 "법원은 제1항에 따라 피해자 등을 심문할 때, 피해자에게 피해 정도 및 결과, 피고인의 처벌에 관한 의견, 당해 사건의 의견을 진술할 기회를 주어야 한다"라는 조문은 피고인이 자백을 했대도 피해자가 법정에 나와서 진술할 수 있다는 조항이거든요. 그런데 이것도 일단 피해자가 신청해야 하잖아요. 재판이 어떻게 진행되는지 잘 모르는데 이걸 어떻게 알고 신청하겠어요. 어떤 보호 장치가 있는지도 안내하지 않으면서요. 그나마 수사기관에서는 안내문을 교부해도, 기소 후에는 피해자의 진술권이 따로 안내되지 않아요. 그래서 제가 법무부 디지털성범죄 전문위원회 위원으로 활동할 때, 피해자에게 신청권을 고지하고 피해자 진술을 반영하는 규정을 신설하도록 법 개정안을 권고했던 거죠.
정리하자면 검찰이 처음 사건을 접수했을 때 공소장 교부 희망 여부를 확인한 뒤 공소장을 보내는 게 맞다고 생각해요. 마지막 조사에서 피해자 의사를 확인할 수도 있고요. 또는 피해자가 포털에서 사건 서류를 볼 수 있게 시스템을 갖추거나 적어도 진술권 안내를 기소 단계에 포함하는 거죠. 그래야 피해자도 진행 상황을 알고, 어느 시점에 진술할지 계획을 세울 수 있잖아요. 유일하게 피해자가 피고인의 처벌에 관해 의견을 낼 수 있는 규정인데 체제 미비로 잘 작동하지 못하고 있는 거죠.

김진주   국가는 피해자의 일정은 중요하지 않은 것 같아요.

오지원   그러면서 법정에서는 피고인의 주장을 중점으로 다루고요. 2019년 전체 성범죄 4824건 중 53.9퍼센트가 기본 영역에서 형이 정해졌고, 41.8퍼센트가 감경 영역에서 형이 정해졌어요. 가중 영역에서 정해진 건은 4.3퍼센트로 감경 영역에 속한 사건이 10배 정도 많아요. 이 수치만 놓고 판사들이 피고인들을 10배 이상 배려한다고 말하려는 게 아니라, 피해자들의 절차적 참여권 자체가 기울어져 있으니 당연한 결과 아니겠냐는 말을 하고 싶어요.
김진주님은 기록의 열람 등사 권리를 알고 있었어요?

김진주   처음에는 몰랐어요. 사각지대 속 7분에 대해 듣고 이걸 자세히 알려면 어떻게 해야 하는지 물어보니까 복사실에 기록 열람을 신청하래요. 그래서 신청했는데 안 되더라고요. 피해자로서 느낀 감정을 쉽게 얘기하자면 공무원들의 태도가 '알고 싶어? 궁금해? 그러면 재판 오든가' 딱 이거예요.

오지원   공기록 열람 등사 신청했을 때는 어떤 이유로 거부하던가요?

김진주 판사님이 지금은 공소장밖에 줄 수 없다고요.

오지원 형사소송법 294조의 4에서는 피해자 등의 기록 열람 등사라는 조항이 있어요. 피해자 변호사나 피해자 측의 친족 등 신청할 수 있는 사람은 많아요. 그런데 막상 신청했을 때 열람 등사 허가 여부와 범위가 모두 재판장의 재량인 거예요.

김진주 맞아요. 어찌나 '존경하는' 판사님한테 권한을 많이 주시는지.

오지원 안타깝게도 피해자에게는 공소장조차 열람 등사 허가를 내주지 않는 재판부도 꽤 있어요. 그래서 피해자는 검사의 기소 내용을 모르거나, 피고인이 어떤 재판을 받는지 모르는 경우가 생기기도 하고요. 검사 측은 우리가 증거 기록도 다 가지고 있고, 어련히 피해자를 잘 대리할 텐데, 왜 그 내용까지 피해자한테 다 알려줘야 하냐는 거죠. 하지만 피해자 측은 경찰이나 검찰이 수사 과정에서 본인이 제출한 자료 외의 증거 자료들을 보여주지도 않고, 대체로 피해자더러 '너는 말을 바꿀 수 있으니까 기록을 볼 수 없어'라며 진술 오염 우려로 열람 등사를 불허하니, 어떤 기관도 피해자를 챙기지 않는다는 불만이 생길 수밖에요.

김진주 이해는 돼요. 담당하는 사건이 많을 테니 번거로운 일을 만들고 싶진 않겠죠.

오지원   피해자들이 특히 이해하기 어려운 부분은 정작 피고인은 방어권이 있어서 법적으로나 현실적으로 개인정보를 제외한 거의 모든 기록에 열람 등사권이 보장되거든요. 검찰이 제출한 증거 기록과 공판 기록을 피고인 측은 본단 말이에요. 피고인과 피해자 양측 모두 대리해본 변호인으로서 말한다면, 피고인 대리가 훨씬 편해요. 기록을 보고 하나하나 반박할 수 있으니까요.

김진주   오죽하면 저는 기록 일부를 도주를 도와준 가해자의 전 여자친구한테 받았어요.

오지원   피고인 측이니까 기록을 볼 수 있었던 거죠. 그러니까 저도 피해자를 대리하다가 답답한 상황을 많이 겪었죠. 피해자 측에서 열람 등사를 신청해도 거의 불허되고 볼 수 있는 자료가 많지 않아요. 피고인이 거짓말을 하고 있고, 내가 증거 기록을 보면 반박할 수 있을 것 같은데 말이죠. 피해자나 피해자 대리인에게 기록 열람 등사를 허가해주면 피고인 변호인 측의 주장이 맞지 않을 때 이편에서도 증거를 대고 반박할 수 있거든요. 자료를 못 본 채 함부로 주장했다가 오히려 진술 신빙성이 떨어질 수 있고, 그래서 상당히 조심스러울 수밖에 없어요. 게다가 공판 검사들이 바빠서 기록을 제대로 파악하지 못하고 피해자랑도 충분히 소통하지 못할 때도 있고요. 그럼 법정에서 피고인 측 변호인이 뭔가 주장하더라도 공판 검사가 제 역할을 다 못 하는 거죠. 그래서 피해자들이 방청

후에 배신감을 느낄 때가 많아요.

김진주 검사가 가해자의 편은 아니지만 그렇다고 피해자의 편도 아니라고 생각하게 되는 거죠.

오지원 심지어 성폭력 사건은 검사가 편견이 있기라도 하면 게임 끝이에요. 반박을 못 하니까요. 본인이 오히려 고개 끄덕여가며 피고인 측 변호인 주장에 동조하기도 해요. 피해자가 꽃뱀일 수 있다는 둥, 검사 스스로 편견에 차서 사건 파악도 안 되는 거죠. 피고인은 방어 주장을 펼치고, 검사는 역할을 못 하니, 무죄로 판결나거나 양형이 낮아지는 때가 비일비재하죠.

김진주 제가 느낀 배신감은 가해자가 수차례 재범을 저지른 사람이라는 것이었어요. 국가가 범죄자를 방치한 거잖아요. 국가의 방치로 또 사건이 벌어지고 나는 피해자가 됐는데, 형사절차에서마저 소외된다고? 정말 화가 났어요. 이 모든 피해를 제가 다 떠안아야 한다니요. 그 배신감은 이루 말할 수가 없어요. 매일매일 화가 나고 눈물이 났어요.

오지원 범죄피해자보호법의 목표를 들어보셨나요? 무려 범죄피해자의 복리 증진이에요. 그런데 실제 형사사건에서는 오히려 복리가 저하될 때가 많죠.

김진주 그러니까 말이에요. 이 주제를 연구하거나 다루는 사람이 있기는 한가요?

오지원　연구 결과는 적지 않은데 법조인들은 대체로 피고인의 인권 위주로 교육을 받죠. 피고인의 인권에 대해서는 익숙하고 관련 절차는 체계도 잡혀 있는데, 피해자의 권리에 대해서는 낯설어하고 잘 모르는 게 현실이에요. 이러니 실질적인 변화도 아주 더디죠. 범죄피해자보호법은 형사소송법만큼이나 검사, 판사들이 몰라요. 이 법에 교육 훈련 조항이 있어요. 그러니까 범죄피해자에 대해 판사들도 교육을 받아야 하는데, 판사들 머릿속에 피해자는 이미 진술 오염 가능성이 있거나 위증할지도 모르는 사람으로 판에 박혀 있는 거예요. 대부분의 법조인 역시 피해자에게 절차적 권리가 있다는 사실을 인식조차 못 하는 실정이고요. 피해자 권리에 대해 다시 교육하고 훈련하지 않으면 관행대로만 움직일 뿐 결코 해결될 수 없는 문제예요. 같은 맥락에서 열람 등사권도 보장되기 어렵고, 피해자 진술권도 사실상 규정이 있대도 유명무실한 거죠.

김진주　사람들이 차라리 AI가 수사하고 심판하는 게 낫겠다고도 말하잖아요. 판사가 이렇게까지 직업윤리가 없을 수 있나, 아니, 이렇게까지 인간답지 못하다니 놀라고요. 피해자들에 대한 공감 능력이 사라진 사회 같아요.

오지원　사법 체계가 시대나 권리 의식 변화를 따라오지 못하는 건데, 판사 개인만 이상한 사람이라 비난받고 끝날 때도 많죠.

김진주 그래도 요새는 피해자들이 법정에 가는 경우가 많아졌어요.

오지원 더 많아져야 해요. '피해자는 말할 수 있어야 하고, 그게 보장되어야 한다'는 헌법상 진술권도 현실에서 지켜져야 하고요. 그런데 여전히 피해자가 진술할 수 있는 제반 조건이 마련되지 않았다는 게 문제죠. 김진주 님은 지금 국가배상과 관련해서 어떤 기대나 계획이 있나요? 어떤 경위로 지금의 활동을 시작하셨나요?

김진주 사실 저는 피해보상을 말하기보다 수사 과정의 부실성을 따지고 싶었어요. 피해자는 흔히 해리성 기억상실 장애를 앓는데, 그런 상황에 대처하는 매뉴얼도 없다는 게 이상했거든요. 범죄는 피해자와 가해자가 있어야만 성립하잖아요. 사건의 당사자인 피해자의 권리가 보장되어야 한다고 생각하는데 살아 있는 피해자도 이에 대해 배상의 책임을 물을 수 있다고 국가에 말해주고 싶었어요. 피해자를 대하는 수사 매뉴얼부터 만들어져야 하는데, 제가 혼자 주장한다고 될 일은 아니라고 생각했어요. 그래서 국가에 이렇게 부실하게 대처한다면 배상을 청구할 수 있으니, 얼른 제대로 된 매뉴얼을 갖추라는 메시지를 보내고 싶었죠.

오지원 제도를 바꾸는 데 국가배상청구소송이 기여할 수 있다고 보는 거죠? 꽤 정확한 판단이에요. 실제로 오원춘 사건처럼 피해자 신고를 받고도 피해자의 위치를 헤매는 바람에 결국 살인까지 벌어졌을 때도 그랬고, 이태원 살인 사건처럼 검사가 수사를 잘못했을 때도 국가배상책임이 인정되었어요. 문제 제기가 있으면 경찰이든 검찰이든 조직 내에도 경각심이 생기고 뭔가를 바꾸고자 노력하는 것 같아요.

김진주　국가의 손실이니까요.

오지원　특히 국가배상청구 사례가 언론에서 다뤄지면 상급자들이 신경 쓸 수밖에 없거든요. 김진주 님이 제기하는 국가배상청구 소송도 승패와 상관없이 기여하는 게 있다고 생각해요.

김진주　제 사건은 1심이 끝나고야 이 사건이 성범죄라는 게 드러났잖아요. 그런데 2심이 시작될 때까지 할 수 있는 게 없었어요. 그리고 3심은 법률심이고 마지막 절차래요. 성범죄를 주장한 재판은 처음인데 말이죠. 화가 치밀어 올랐어요. 혹시 재판 과정에서 피해자를 거의 추궁하듯이 과하게 질의할 때도 있나요?

오지원　종종 있죠. 특히 성폭력 사건에서 문제시된 질의 과정이 있었죠. 범죄피해자들은 진술 조서도 볼 수 없는데, 몇 달, 심지어 1년 전 진술을 다시 말해보라고 하면, 아마 판검사들도 못 할 거예요. 피고인을 처벌하기 위해 피해자에게 질문을 많이 할 수는 있죠. 엄정하게 사건에 임하는 건 좋아요. 근데 지나치게 피해자를 의심하고, 1센티미터였는지 2센티미터였는지,

가해자가 몸 위에 올라왔다 내려갔는지, 내려갔다 올라왔는지 등. 기억하기 어려운 세밀한 사항을 묻고 또 묻고, 기억력 시험을 보는 거나 다름없죠.

김진주 마치 피해자를 재판하는 것처럼요.

오지원 그래서 열람 등사는 정말 예민하고 중요한 문제예요. 법정에서 진술권이 있어도, 이 사건에 어떤 증거가 제출되었고 내 진술은 어떻게 기록되었는지 알아야 설명이든 해명이든 할 텐데. 이러니 대체 국가는 누구를 위해 수사하냐고 묻고 싶어지죠. 피고인은 방어권을 위해 증거 기록을 다 보는데 정작 피해자는 수사에 협조하라며 증인으로 불러놓고는 아무 자료도 못 보게 하고, 기억에만 의존해서 세세한 것까지 답하라고 하고, 설령 대답이 달라지면 거짓말 아니냐고 공격하니…….

김진주 차라리 기억을 잃어버린 게 다행이라는 생각까지 들어요. 기억이 있었으면 계속 심문당했을 거 아니에요.

오지원 물론 형사절차라는 게 피해자도 피고인도 의심할 수밖에 없는 절차이긴 하죠. 국가가 한 사람을 처벌하기로 결정하려면 그럴 수밖에 없는 측면도 있죠. 하지만 피고인과 비교해봐도 피해자가 인정받는 권리가 너무 적어요.

김진주 너무 야박해요. 균형이 안 맞아요. 너무 안 맞아요.

3장

피해자와 피해자가 만나다

제2의 부산 돌려차기 사건

자신의 재판이 끝나기도 전에 남을 돕겠다는 나를 연대자 D 님은 매번 말렸다. 본인 먼저 챙기라고 말하기에 꾹 참았다. 그리고 이제 3심이 끝났다. 피해자를 도울 때다. 피해자를 도우려면 다양한 피해자를 만나야 한다. 겨우 한 사건의 데이터로만 범죄피해자의 상황을 일반화해서는 안 됐다. 제도를 고치려면 많은 피해자가 어떤 불편을 호소하는지 알아야 했다. 강력범죄 피해자를 찾아 나서지 않았는데도 다들 먼저 나를 찾아왔다. 이유도 다양했다. 뭘 어찌할지 몰라서 찾아온 피해자부터 그저 이야기를 나누자고 찾아온 피해자까지. 내게 바라는 건 그저 함께 하는 것뿐이라고 했다. 나 역시 범죄피해자였기에 오히려 날 배려해주려 했다. 나는 정말 괜찮은데도 매번 미안해했다.

내가 처음 만난 범죄피해자는 '초량동 노래방 여주인 상해 사건'의 따님분이었다. 『부산일보』 기자님과 인터뷰를 하는데, 기자님이 사건 피해자의 딸을 만나러 간다고 했다. 딸의 인터뷰 기사를 찾아보니 예전의 내가 생각날 만큼 사건이 유사했다. 괜찮다면 내 번호도 전해달라고 부탁했다. 내 사건만큼이나 이상 동기 범죄에 가까운 심각한 사건이었다. 피해자는 초량동에서 노래주점을 운영했는데, 그저 술도 파는 노래방일 뿐이었음에도 이미 그 사실만으로 댓글은 2차 가해로 넘쳐났다.

노래방엔 CCTV가 없었고 주변 CCTV 영상을 확보하기도 어려웠다. 도무지 범죄 동기를 알 수 없는 사건 같았다. 가해자는 사건 당일 단체 손님 중 한 사람이었는데, 영업이 끝나고 피해자가 화장실 청소를 시작할 즈음 그 손님이 대뜸 주먹을 휘둘렀다고 한다. 왜 그러냐는 질문에도 대답하지 않고 계속 얼굴을 구타했고 피해자는 혼절했다. 갈비뼈가 부러졌고 화장실 바닥은 피범벅이 됐다. 정신을 차렸을 때 가해자는 세면대에서 피 묻은 손을 씻고 있었다.

전형적인 사이코패스였다. 살아야겠다는 일념 하나로 피해자는 가해자의 다리 사이로 기어나와 스스로 112에 신고했다. 이 사건이 어떻게 살인미수가 아닌지 이해할 수 없었다. 이 사건은 '제2의 부산 돌려차기 사건'이라고 불릴 만큼 유사한 점이 많았다. 내 사건을 알고 있던 피해자의 딸은 어머니의 하혈 증상을 보고 경찰에 성범죄 조사를 요청했지만, 경찰은 담당자가 퇴근했다며 나중에 다시 신고하라고 답했다. 성범죄 조사 후 가해자의 DNA가 나오진 않았으나, 여전히 범죄 동기도 추측할 수 없었다.

모든 설명을 듣고서는 피해자가 있는 병원으로 갔다. 피해자는 사람들 만나는 걸 두려워했다. 아무 이유도 없이 구타를 당했으니 그럴 수밖에 없었다. 피해자는 병문안 온 가족들을 반기다가도 사람들이 오가는 소리에 화들짝 놀라며 무서워했다. 마치 사건 초기의 나를 보는 듯했다. 그런 몸 상태로도 피해자는 오히려 나를 걱정하며 자기는 이미 늙었지만 나는 젊은데 그런 일을 겪어서 어떡하냐고 말했다. 나는 말도 안 되는 소리라며, 범죄피해에 나이가 뭐가 중요하냐고, 본인만 생각하시라고 당부했다.

언론에 여러 차례 제보했고, 심지어 이 사건의 피해자가 나보다 더 심각한 피해 증상을 앓고 있는데도 사건은 공론화되지 못했다. 그때 처음으로 '부산 돌려차기 사건'의 특이점에 대해 생각했다. 첫째, 귀갓길에 당한 일. 누구나 집으로 돌아간다. 심지어 새벽 5시 즈음이면 출근하는 사람도 다닐 때였다. 둘째, 사법 체계에 만연한 감경 요소, '반성'. 셋째, 전과 18범이라는 가해자의 다수 전과. 넷째, 범죄 행태가 그대로 담긴 적나라한 CCTV 영상. 거기다가 살인미수 피해 사례 중 독특한 행태를 보여서 그나마 가능했던 것 같다. 여태껏 피해자가 의지만 있다면 사건을 공론화할 수 있는 줄 알았는데 열심히 해도 공론화될 기미가 안 보였다. 피해자가 빨리 일상으로 돌아갈 수 있기를 빌었다. 가족들 곁에서 고양이를 돌보며 지내다 보면 세상에는 범죄자 말고도 괜찮은 사람이 더 많다는 것을 다시 깨닫는 날이 올 거라고 말했다.

'초량동 노래방 여주인 상해 사건'의 첫 공판을 보러 피해자 따님과 함께 갔다. 따님분의 손이 계속 떨리고 있었다. 재판이 시작되고 가해자가 입장했다. 구치소 생활이 평탄한지 얼굴에 기름기가 좔좔 흘렀다. 도대체 무슨 개소리를 하려나 기다렸다. 역시나 헛소리였다. 주머니에 있던 16만 원이 없어져서 따지려 했단다. 범죄자들이 둘러대는 변명이란 죄다 허접할 뿐이었다. 돈을 찾으러 간 거면 피해자가 '왜 그러냐'고 물었을 때 대답이라도 했어야 한다. 돈은 찾지도 않고 무작정 사람을 팼고 피해자는 온몸이 시커먼 멍으로 뒤덮였다. 코가 무너져내려 성형 수술을 받아야 했고, 얼굴과 가슴 부근이 골절되고, 콩팥이 손상돼 두 달가량 입원했다. 신경외과, 이비인후과, 흉부외과, 정신의학과 등 총 네 곳에서 진료받아야 했다. PTSD도 상당했다.

이상동기 범죄피해자가 회복이 더딘 이유를 경희대학교 정신건강의학과 백종우 교수님과 얘기하면서 알았는데, 교수님은 범죄피해 회복의 첫걸음은 진실 규명이라고 하셨다. 그런 점에 있어서 이상동기 범죄피해자는 자신이 왜 그런 폭행을 당해야 했는지 알 수 없기에 일상의 모든 순간이 범죄로 이어질지도 모른다는 생각에 사로잡힌다. 따라서 회복까지 엄청난 시간이 걸리고, 아무리 시간이 약이라지만 그래서 얼마나 많은 약이 필요할지 가늠할 수 없을 정도다. 계속해서 아는 기자님들께 제보했지만 제보가 뉴스로 실리기까지는 너무 오랜 시간이 걸릴 것 같았다. 나는 '피해자를 구하자'라는 유튜브 채널을 개설하기로 했다. 로고는 채널 이름을 줄인 '피구'에서 연상해 피구공 모양으로 했다.

채널을 개설하고서는 뭐든 해낼 수 있을 것처럼 설렌다. 하지만 사건을 다루려면 사실관계 확인은 물론이고, 자료가 공개되지 않은 사건에선 이미지도 직접 제작해야 했다. 혼자 채널을 운영한다는 게 불가능한 일처럼 느껴졌지만 그저 피해자의 이야기를 전하자는 일념으로, 빠르진 않더라도 천천히 계속해보자고 되뇌며 영상을 만들었다. 이 사건의 가해자는 좋은 사람으로 보이려 애쓰던 사람이었다. 사건 당일도 봉사활동 후 회식을 했던 모양인데, 봉사활동 모임의 SNS 계정을 살펴보니 미심쩍은 글들이 더러 있었다. 가해자는 '동물사회에서 수컷은 비장하거나 비참하다' '흥부가 변태란 사실에 충격' 등 남사스러운 글들을 작성해왔지만, 범죄 동기는 그만 아는 채로 사건은 종결됐다.

1심 선고 형량은 고작 3년이었다. 죄목이 상해에서 중상해로 바뀌었지만 여전히 살인미수는 인정되지 않았다. 사람을 죽어라 패도 살인미수가 아니라니, 허무했다. 법은 너무나도 차가웠다. 가해자는 반성하지 않고 항소했다. 여전히 '부산 돌려차기 사건'과 유사한 사건들이 일어나고 있지만 돌려차기 사건의 후속편처럼 여겨지며 제대로 주목받지 못한 채 잠들었다. 그들만의 서사가 드러나는 공론화가 필요하다. 자칫하다간 본질이 묻히기 때문이다. 돌려차기 사건의 피해자는 나 하나로 충분하다.

피해자 연대

피해자를 돕는 일에 성급하지 않아야 한다는 게 내 철칙이다. 아직 협회나 단체와 함께하는 건 미루고 있다. 재정적 지원도 그렇지만 심리적 지원 또한 제대로 못 할 거면 무작정 시작해선 안 된다고 생각한다. 사람들이 모이면 갈등이 일어나기 마련이고 그럼 취약해진 범죄피해자의 상태가 더 심각해질 수 있다. 나는 대체로 범죄피해자와 개인적으로 또는 소규모로 만났다. 가장 많은 인원이 모였던 건 '용감한 방'이라는 모임이었다. '인천 스토킹 살인 사건'의 유가족이 '바리깡 사건'의 가족과 나를 연결해줬고, '인천 강화도 유기 사건'의 피해자까지 함께 모였다. 우리는 함께 있는 그 순간만큼은 남들처럼 평범히 지냈다. 해맑게 웃고 경치도 감상했다. 함께 있는 게 이렇게 재밌을 줄 몰랐다. '강화도 유기 사건' 피해자의 딸 나연(가명)님은 이렇게 얘기했다. "웃어도 되는지 몰랐어요."

얼마나 많은 시선이 피해자와 그 가족들을 옥죄였을까. 다들 비슷한 처지였다. 웃고 있어도 웃는 게 아닐 것이다. 우리는 서로의 상황을 알기에 울면서도 웃을 수 있었고 벌거벗겨진 상황에서도 웃을 수 있었다. 동서남북으로 찢어져 있던 장거리 연대는 오히려 관계를 더 끈끈히 했다. 이 모임은 피해자의 유족들로 구성됐기에 피해자 본인에게 어떤 상황이 불편한지, 무엇을 해결해나가야 하는지를 잘 아는 사람들만 있었다.

나는 '인천 강화도 유기 사건'의 나연님에게 특히 마음이 쓰였다. 몇 달째 의식이 없는 어머니를 24시간 간병하는 중이라고 했다. 결코 쉽지 않은 일이었다. 욕창이 생길 수도 있어서 2시간마다 환자의 자세를 바꿔줘야 했고 간병인 자신의 삶은 내려놓아야 했다. "그래도 엄마 곁에 있을 수 있어서 좋다"라고 얘기하는 딸을 보며 가해자가 더욱 증오스러웠다. '인천 강화도 유기 사건'은 새아버지의 문자에서 시작한다. 새아버지는 엄마가 화장실 바닥에 널브러져 있는 사진을 보내곤 구조 조치도 하지 않은 채 현장을 떠났다. 서울에 있던 딸들은 인천 강화도까지 가는 데 2시간이나 걸렸기 때문에 먼저 112에 신고했다. 딸들은 어머니가 피 흘리며 쓰러져 있었다는 사실을 경찰에게 듣게 됐고, 생사를 오가던 엄마가 응급으로 수술을 받을 때까지 새아버지는 연락이 닿질 않았다. 수술이 끝나고 엄마의 짐을 챙기러 집에 갔더니 집은 피범벅이었다. 딸들은 직접 그 현장을 기록하고 자료를 보관해야 했다.

내가 나연님과 만났을 즈음에는 안 좋은 일들이 겹겹이 쌓여 있었다. 집에 다시 갔더니 가해자가 현장을 싹 치워뒀고, 경찰은 추가 조사를 하지 않았다. 경찰이 찍은 현장 사진은 달랑 3장이었다. 경찰이 포렌식 검사 물품에 묻어 있던 피를 닦아버려서 혈흔 반응은 나오지도 않았다. 딸이 주의해달라고 요청한 부분이었는데도 말이다. 그런데도 공론화는 쉽지 않았다. 어머니가 사별 후 만난 새아버지였음에도 재혼가정이라는 이유로 2차 가해가 연이었다. 피해자를 유기하고 테니스를 치러 갔다는 게 알려지며 '가정폭력'이나 '유기'보다 '테니스남'이라는 말만 분분히 떠돌았다. 경찰의 뒤늦은 대응에 증거는 이미 사라졌고, 피해자 유기라는 죄목으로 송치된 게 다였다. "가해자가 죗값을 받지 않아도 되니 엄마만 다시 돌아오면 좋겠다"라는 피해자 가족의 울부짖음에 울컥 눈물이 치밀었다.

나는 「실화탐사대」 강현욱 피디님에게 연락했고, 이 사건을 다뤄보겠다는 답변을 받았다. 그렇게 「실화탐사대」 취재가 시작됐지만 그 와중에도 피해자의 상태는 급격하게 나빠졌고, 나 연님도 방대한 자료들에 허덕이고 있었다. 간병을 하면서 그 많은 통화 녹음본을 정리하려니 정신 차릴 새도 없어 보였다. 거의 한 달이 걸려 「실화탐사대」 에피소드가 방영됐고 이 방송에서 이른바 '강화도 책상남'의 명장면이 나왔다. 여느 가해자처럼 그도 허울 좋은 주민자치위원장을 맡고 있었다. 피디님이 주민자치위원회 회의장으로 찾아갔던 날, 가해자의 명패까지 다 있는데 가해자만 보이지 않는 것이다. 다들 나간 뒤에 마저 회의장을 둘러보는데 어디선가 부스럭 소리가 들렸다. 소리를 따라가니 책상 밑에 가해자가 숨어 있었다. 부끄럽기는 한가 보다. 아직도 이 사건이 어떤 결말을 맺을지는 모른다. 부디 국가가 피해자와 피해자 가족들을 더 이상 아프게 하지 않길 바랄 뿐이다.

강현욱 피디님이 다룬 또 다른 사건은 '바리깡 사건'이다. 가해자 남성은 그의 여자친구를 4일 내내 가둬두고 폭언과 폭행을 일삼았다. 피해자 지연(가명)님의 무릎을 꿇리고 침을 뱉거나 얼굴에 소변을 눴고 이발기로 머리카락을 밀어버렸다. 내가 본 범죄자 중에서도 가장 사이코패스에 가까운 자가 아닐까 싶었다. 불행 중 다행으로 피해자는 가해자가 자는 사이 부모님께 도와달라는 문자를 보내면서 다행히 피해자는 살아남을 수 있었다. 수사 시점부터 사건은 공론화되었고 그래서인지 굉장히 빠르게 재판이 열렸다. 사건 처리 과정을 보고 결말까지 잘 풀리길 바랐지만 속사정은 그렇지 않았다. 믿고 지낸 남자친구에게 폭행당한 트라우마는 상당했다. 갓 스무 살이 된 피해자는 이루 말할 수 없는 아픔 속에서 시간을 보내야 했다. 가족들은 매분 매초 불안에 떠는 딸을 보호해야 했고, 괜찮아질 법하면 또 금세 불안이 심해지고, 복용하는 약만 10개가 넘을 정도로 상황은 심각해졌다. 불안감에 휩싸인 성인을 간호하는 일은 의식이 없는 사람을 간호하는 일만큼 여간 어렵지 않은 일이 아니다. 가족 모두가 함께 지쳐가고 있었다. 대중의 관심은 빠르게 식었고, 긴 재판 과정 동안 피해자와 가족들은 점점 시들어 갔다. 심지어 가해자는 대부분의 범행을 부인했기에 가해자가 범죄 사실을 인정했던 '인천 스토킹 살인 사건'과는 달리 재판 과정에 더 많은 시간이 소요됐다. 가해자 집안에는 재력도 있다고 했다. 진심으로 사과하고 피해를 구제하는 게 그렇게 어려운 일일까. 잘못이 없다며 우겨대는 모습이 역겹기만 했다.

가끔 '인천 스토킹 살인 사건' '바리깡 폭행 사건' '인천 강화도 유기 사건' '부산 돌려차기 사건'의 피해자들이 함께 인터뷰하는 일이 종종 생겼다. 그때마다 열심히 피해자로서 목소리를 내며 사법 체계의 개선점을 말했다. 특히 『한국일보』 원다라 기자님과의 인터뷰는 여전히 선명히 기억한다. '부산 돌려차기 사건' 때도 기사를 써주셨지만 대면한 건 '인천 스토킹 살인 사건' 공판에서가 처음이었다. 원다라 기자님은 범죄피해자들의 얘기를 궁금해했다. 우리는 또 다른 범죄피해자가 불합리한 일을 당하지 않길 간절히 바란다고 얘기했다. 원다라 기자님은 그렇다면 다른 범죄피해자들을 위해 편지를 써보면 어떻겠냐고 제안했고, 그 덕분에 범죄피해자들이 직접 「범죄피해 매뉴얼」을 쓸 수 있었다. 각자가 쓴 편지는 다 다른 진심으로 가득했지만 다들 타이밍을 놓치지 않는 게 가장 중요하다며 CCTV 영상을 가장 먼저 확보하라는 말은 빼먹지 않았다. 원다라 기자님은 범죄피해 전담 경찰관인 모 경사님도 연결해주셨다.

경사님을 보며 피해자를 도우려던 내 모습도 되돌아봤다. 같은 조언이어도 피해자들은 경사님의 말에 더 귀 기울이는 듯했다. 2차 가해로 고통스러워한 피해자들에게 경사님은 '2차 가해자들은 자신은 이런 일을 당하지 않을 거라는 확신이 필요해서 2차 가해를 저지른다'고 말해줬다. 무릎을 탁 쳤다. 2차 가해가 그들 스스로 안심해보려는 행동이라니, 새로운 접근법이었다. 경사님을 보고 느낀 부끄러움은 곧이어 존경심으로 바뀌었다. 그날 피해자들이 서로 건네는 말들 역시 가슴을 뭉클하게 했다.

인터뷰를 마치고 부산행 기차에 앉아 계속 울었다. 눈물이 멈추지 않았다. 이 눈물은 무슨 의미일까. 한참 울다가 번뜩 '부러움'이 떠올랐다. 나도 1년 동안 고생할 때 이 사람들이 곁에 있었다면 좋았을 텐데. 범죄피해 구제를 위해 앞장서는 조력자들이 있었다면 큰 도움이 됐을 텐데. 생각은 꼬리에 꼬리를 물고, 도대체 난 왜 피해자를 돕는 일을 하려는지 생각했다. 오랜 시간 고민한 끝에 도착한 곳에는 '외로움'이 있었다. 1년이란 그 세월이 너무 외로웠기 때문에, 남들은 그 외로움을 겪지 않길 바라기 때문이었다. 그리고 이 일은 나를 치유하는 길이기도 했다. 사무치게 외로웠지만, 그 시간을 겪어냈기에 많은 피해자를 대신해 목소리 낼 수 있었다. 범죄피해자를 돕는 일은 동시에 나를 돕는 일이었다. 이 일을 해야만 하는 또 다른 답을 찾았다.

거절을 참지 못하는 사회

많은 범죄피해자가 내게 메시지나 메일을 보내는데 그중에서도 스토킹 범죄피해자들이 많다. 두 번째로 만난 피해자는 한참을 내 계정을 팔로우했던 분이었는데, 이윽고 자신도 범죄피해자임을 밝혀왔다. 부산에서 일어난 사건인데도 들어본 적이 없었다. 알고 보니 가족들이 기사를 내려달라고 언론사에 요청했다고 했다.

사건은 매우 심각했다. 헤어진 남자친구가 스토킹으로 이미 조치를 받았음에도 피해자를 찾아왔다. 피해자가 바로 신고했지만 그날 사건이 벌어졌다. 경찰들의 미흡한 조치 때문이었다. 가해자는 앞으로 피해자를 찾아가지 않겠다고 말했고, 경찰들은 그 말만 믿고 가해자를 풀어줬다. 풀려난 가해자는 미리 사서 숨겨둔 스패너와 칼을 가지고 피해자의 직장으로 향했다. 스패너로 피해자의 머리를 가격한 뒤 쓰러진 피해자를 수차례 칼로 찔렀다. 남성 4명이 겨우 말릴 정도였다. 피해자는 칼에 찔려 간과 폐 등 중요한 호흡기가 손상됐고 혼수상태에 이르렀다. 칼이 장기까지 닿으려면 피부, 지방, 근육, 복막을 뚫어야 한다. 흉기에 찔린 간은 회복할 수 없을 정도였고 살아남은 것만으로도 기적이었다.

며칠을 집중치료실에서 나오지 못할 만큼 상태가 위급했다. 생사를 넘나들던 심각한 부상이었지만, 가족들의 간절함 덕분일까. 기적적으로 집중치료실을 나왔다고 한다. 나를 만나기까지 얼마나 많은 시간을 건너왔을까. 눈물이 쏟아졌다. 알고 보니 내 항소심 재판에도 몇 차례 찾아왔었다고 했다.

첫 만남이 기억난다. 언니와 같이 보기로 했는데, 과거의 나를 생각하며 이야기 나누기 좋은 파티룸을 대관했다. 한 눈에도 씩씩해 보이는 분이었다. 퇴원한 지 얼마 안 돼서 복대를 차고야 겨우 말할 수 있는 상태였다. 인스타그램으로 '작가 기저귀' 계정을 보고 하나부터 열까지 다 공감했다고 하셨다. 쓰길 잘했다는 생각이 들었다. 뭘 같이 하지 않더라도 비슷한 경험을 겪은 사람이 있다는 것만으로 힘이 된다고 했다. 정신없이 얘기를 주고받으니 어느새 2시간이나 흘러 있었다. 피해자의 목소리로 듣는 그날의 기억은 예상보다 몇 배나 끔찍했다. 마치 내가 칼에 찔린 것 같았다. 나도 이렇게 고통스러운데 그날을 고스란히 기억하는 피해자는 얼마나 힘들지 상상조차 안 됐다. 그런데도 피해자는 내 언니에게까지 괜찮은지 물어왔다. 자신의 가족들도 PTSD가 심각하다며 언니가 잘 지내는지 궁금해했다. "불안해도 어쩌겠냐"는 언니의 대답에 언니도 아직 무섭구나 싶어 마음이 무거워졌다.

대화를 마치고 밖에 나가 걸을 때도 소음이 들려오면 피해자는 귀를 틀어막았다. 전형적인 PTSD 증상 중 하나로, 모든 소리에 예민해지는 탓이었다. 사건 초반의 나를 보는 것 같았다. 피해자는 다른 피해자를 챙기고 싶어했고, 이 사회가 피해자에게 불합리하다며 무슨 방법이 없을지 고민했다. 그제야 연대자 D님이 왜 나를 말렸는지 알 것 같았다. 수사 과정보다 재판 과정은 더 길고 험난하다. 가해자의 말에 기분은 들쑥날쑥해지고 피해자를 소외시키는 사법 체계에 분노가 찰 것이다. 나는 D님이 내게 그랬듯 본인 사건 먼저 해결하자고 말했다. 그 뒤에 다른 사람도 돕자고, 본인 사건만으로도 힘들 것을 알기에, 남들을 도울 여력은 없을 테니까.

피해자와 가족들의 PTSD는 날마다 심해졌다. 피해당한 걸 숨기고 애써 괜찮은 척하다 보니 마음이 곪고 있었다. 피해 회복에는 많은 조력자가 필요하다. 하지만 피해 사실이 가십으로 소비되는 현실에 피해자는 고립을 선택할 수밖에 없다. 나도 모르지 않았다. 다들 궁금해 달려든다는 게 어떤지. 피해자가 언니와 같이 살고 있다는 말에 다행이라 생각했지만 언니 역시 감정전이로 피해자만큼 심각한 PTSD 증상에 시달리고 있었다.

감정전이는 나도 드라마 「괜찮아, 사랑이야」에서 봐서 알고 있었다. 밀접한 관계에서 경험을 공유하면 당사자보다 더 심한 PTSD를 겪을 수 있다. 하지만 주변 사람들은 피해자의 PTSD는 알아도 그 가족이 겪는 PTSD는 잘 이해하지 못한다. 피해자의 가족들을 보며 '제3의 피해자'라는 용어가 필요하다고 생각했다. 피해자 외에도 그의 가족, 지인, 심지어 피해자를 치료하는 이들까지 피해자라고 설명하기도 한다. 그저 우리가 범죄를 분석할 때 머릿수만 분석해서는 안 되는 이유가 이 때문이다.

하지만 우리 사회는 아직도 범죄피해를 단면적으로 바라본다.

피해자는 사건으로부터 몇 달이 지나서도 사건 공론화를 망설이고 있었다. 가족들이 힘들어했고 모아둔 자료도 마땅찮았기 때문이다. 내가 이때 피해자에게 제시하는 선택지는 세 가지다. 첫째, 사건을 잊고 새 삶을 살기. 둘째, 가해자가 합당한 처벌을 받게 하기. 셋째, 가해자를 응징하기. 세 가지 선택지를 잘 생각해보고 고르라고 했다. 첫째는 곧이곧대로다. 시간이 흘러가는 대로 사는 것이다. 둘째는 탄원서를 쓰는 것부터 시작해, 사법 체계에서 피해자가 할 수 있는 대응책을 다 해보는 것이다. 셋째는 공론화다. 나는 오로지 피해자들을 위할 뿐 어디에 속해 있지도 않으니 어떤 걸 선택해도 상관없다고 얘기했다. 고민할 시간이 필요하겠지만 마지막 선택지는 빨리 움직여야 한다고 당부하며 다음을 기약했다.

세월이 흐르며 상처는 아물지만, 정신은 그날에 머물기도 한다. 갈수록 안색이 어두워지는 피해자를 보며 나도 마음이 좋지 않았다. 나중에는 외출도 잘 하지 않는다고 했다. 나라도 가해자 상판이나마 봐야겠어서 재판에 찾아갔다. 현행범으로 잡혔으니 재판 과정도 별탈 없을 줄 알았는데, 그건 내 착각이었다. 가해자의 변호사는 무례하다 싶을 만큼 피해자를 괴롭혔다. 가해자가 쓴 편지며 가해자의 가족이 쓴 편지까지 죄다 피해자에게 문자로 보내댔다. 그저 감형에 목맨 가해자와 그 가족들을 보며, 피해자는 한때 인생을 함께하길 꿈꿨던 사람이라며 가해자를 눈감아줬던 과거를 후회했다. 싫다고 말해도 가해자의 변호사는 용서를 구한다는 가족들 얘기 좀 들어달라며 억지를 부렸다. 용서를 구하려면 진즉에 구해야 했다. 가해자의 사과는 그저 도구였다. 피해자가 병원에서 사경을 헤맬 때는 코빼기도 안 비추다가 이제야 사과를 하겠다니, 내가 봐도 그저 감형을 바라는 사과인 게 뻔한데 피해자 눈에 안 보일 리 없었다.

나는 이전에 사건과 관련 없는 양형 기준은 언급돼선 안 된다는 청원을 넣었다. 전과 18범이었던 그 가해자만 양형 기준을 악용하는 게 아니었다. 바로 이 가해자도 그랬다. 가해자는 재판이 시작되고 나서야 숨겨둔 자식을 꺼내더니 아이를 부양할 의무가 있다고 주장했다. 인생을 함께하자던 사람한테 여태 감춰왔던 자식이 감형 도구로 꺼내진 것이다. 심지어 가해자는 공탁까지 했다. 피해자가 원치 않았기에 감경 요소로 고려되진 않았지만 공탁 때문에 피해자 지원금을 받지 못할 것이라는 연락을 받았다고 한다. 피해자 지원실에서조차 지원금보다 공탁 금액이 더 크니까 그걸 받으라고 했단다. 피해자의 입장을 조금도 헤아리지 못하는 사람들이었다. 피해자는 곧 죽어도 용서할 수 없는 가해자의 돈을 원치 않는다. 공탁을 받으라는 건 또 다른 2차 가해였다. 함께 2심을 기다리며 나는 계속 공론화를 권했지만, 점점 더 쇠약해지는 피해자를 보자 그저 건강하길 바라며 곁을 지키는 수밖에 없었다.

잠깐 서울에 다녀오던 날도 인스타그램으로 다른 사건 피해자의 메시지를 받았다. 그 역시 스토킹 피해자였고 가해자는 전 남자친구였다. 내가 서울에 있다고 하니 만나길 희망했고, 상황이 급해 보여 이튿날 바로 피해자를 만났다.

피해자는 이전에도 교제범죄를 당했지만 당시 CCTV 영상이 없어서 애를 먹었다고 했다. 심지어 돈을 받은 적도 없는데 꽃뱀 취급을 받았다고도 했다. 당시 피해자는 모든 연락을 끊고 오랜 시간 동안 고립을 택했다. 그래서인지 이번 사건에서는 CCTV 영상을 확보하는 데 집착했고 영상을 확보할 수 있는 가게들의 번호를 다 기록해두곤 점주들에게 영상을 보관해달라고 연락을 취해뒀다. 계단에서 벌어진 일이라 폭행 장면이 포착됐을까 염려했는데, 그날 구급일지에 맞았다는 진술이 남아 있었다. 여기까지 듣자 너무 걱정하지 않아도 될 것 같았다. 하지만 일이 이렇게 쉽게 풀릴 리 없었다. 경찰은 영상을 보관해놓겠다는 가게를 방문하지 않았고 결국 CCTV 영상은 사라졌다. 피해자는 그 순간 경찰에 대한 신뢰가 완전히 무너졌다. 피해자 진술조차 할 수 없는 상태였다. 피해자는 가해자가 서울까지 찾아온 적도 있어서 일단 스토킹 신고를 했다고 말했다. 나는 피해자에게 한국여성의전화에 상담을 받거나 변호사를 알아보라고 조언했다. 당장은 부산에 가야 했기에, 걱정하지 말고 상담부터 받아보라고 말하며, 처벌만이 능사가 아니니 자기 삶에 더 필요한 해결이 뭘지 생각하라고 당부했다. 그러나 일은 해결과는 더 멀어지는 듯했다. 이후 몇 달 동안 피해자와 연락이 안 됐다. 해결돼서가 아니라 일방적인 연락 두절이었다.

　몇 달이 더 지나 어느 새벽에 갑자기 전화가 왔다. 나도 화를 냈던 것 같다. 걱정시켜놓고 연락도 안 되면 어떡하냐고, 말들을 쏟아냈다. 피해자는 펑펑 울었다. 화를 가라앉히고 얘기를 들어보니 결국 상담은 받지 못했고, 이번 사건도 해결하지 못했다는 생각에 무력해져서 또다시 고립을 시작했다고 했다. 나는 이제 사건에서 손 떼라고 말했다. 그런 내 말에 울음소리는 더 커졌다. 그럴 수 없다며, 이렇게 아팠는데 가해자를 벌 받게 해야 한다고 말했다. 난 그러지 못할 거라고 단호하게 얘기했다. 본인도 못 살피면서 어떻게 사건을 객관적으로 보겠는가. 사건을 해결하려거든 건강부터 챙기고 그 뒤에 본인이 원하는 게 뭔지 정확히 하자고 말했다. 날이 밝으면 수첩부터 사서 앞면에는 좋아하는 것, 뒷면에는 싫어하는 것을 적어보라고도 했다. 그리고 재판에서 이겨봤자 인생에 도움 되는 건 하나도 없다는 말도 덧붙였다. 유튜브에서 스토킹 범죄 사건 피해자인 릴카님의 영상을 봤던지라, 가해자와 원만히 합의하는 것도 하나의 선택지임을 알려줬다. 다행히 이 피해자는 스스로를 알아가며 하나씩 숙제를 해결하는 중이다. 나는 다른 피해자들에게도 처벌만이 능사가 아니라고 말하고 싶다. 재판에서 피해자가 얻을 게 별로 없기 때문이다.

말할 수 없는 자들을 대신하는 목소리

내가 유가족들의 목소리를 들을 수 있으리라고 생각하진 못했다. 가족을 잃은 슬픔에 고통스러워하며 고립을 택하는 분들이 많기 때문이다. 그런데 '인천 스마트워치 살인 사건'의 유가족에게서 연락이 왔다. '인천 스마트워치 살인 사건'은 「사건반장」에서 다뤄졌고 나도 방송을 봐서 알고 있는 사건이었다. 「사건반장」의 양원보 앵커님이 유가족들에게 내 연락처를 넘겨도 될지 물어왔다. 곧바로 전화가 왔는데 휴대폰 너머 목소리가 격앙돼 있었다. 피해자의 사촌 언니 아현(가명)님이였다. 사람들은 그에게 사촌 동생 일에 뭘 그렇게 열심이냐며, 눈초리를 보냈다. 심지어 사촌 동생을 두곤 이혼까지 한 마당에 또 남자를 만나려던 거냐며 평가와 모욕을 쏟아냈다. 하지만 사촌 동생과 각별한 사이였고, 피해자의 동생이 PTSD로 힘들어하고 있었기에 그가 대신해 사건 해결을 도맡았던 것이다. 사촌 언니는 가족을 떠나보낸 상실감과 더불어 국가로부터도 보호받지 못했다는 비통함에 잠겨 있었다. 그러면서도 다른 범죄피해자가 같은 일을 겪어선 안 된다며 범죄피해자들을 돕고 싶다고 열변을 토했다. 나는 또다시 연대자 D님을 떠올렸다. 일단 이 사건부터 수습한 뒤에 나서도 늦지 않는다고 말하며 진정시켰다. 직접 피해자들을 찾아 나서겠다는 말에 피해자마다 원하는 방식이 다 다르다고 말려야 했다.

유가족이 모은 자료를 보며 사건에서 다뤄야 할 시사점을 살펴봤다. 보복범죄였지만 미디어에서 다룰 거리가 많지 않아 보였다. 그래도 손수 모은 자료를 찬찬히 읽었다. 경찰은 피해자인 스토킹 범죄 신고자에게 별다른 기색이 없으면 스마트워치를 반납하라고 권유했다고 한다. 얼마나 많은 피해자가 이 같은 상황을 겪는지 모르겠다. 스마트워치 수량이 부족하니 달에 한 번씩 반납할지 말지를 정하라는 것이다. 어쩌면 이 사건의 결말이 내 미래일지도 몰랐다. 스토킹 범죄는 결말을 예상해봤자 누구 하나 예방해주질 못한다. 그 생각에 미치자 이 사건이 내 일처럼 신경 쓰이기 시작했다. 사건은 심지어 보복살인으로도 인정받지 못한 상태였다. "네가 신고해서 내가 보복하는 거야"라고 말이라도 해야 보복살인인가 싶었다. 보복살인이 아니더라도 가해자의 형량이 낮게 나올 리는 없었지만, 유가족들이 바라는 건 그저 있는 그대로의 재판이었다.

사건 정보가 많지 않았기에 피해자 유가족들의 심정을 강조해서 공론화해보자고 생각했다. '네이트판'에 글을 올리면 어떨지 제안했다. 피해자의 사촌 언니는 가해자를 말리는 과정에서 피해자와 같이 살던 어머니가 흉기에 손을 다쳤다는 얘기도 적고 싶다고 했다. 그리고 일주일을 준비해 '네이트판'과 '보배드림'에 '스토킹에 시달리다가 제 동생이 죽었습니다'라는 글을 게시했다. 첫 공판에는 '바리깡 사건'의 가족들과 같이 갔다. 공론화가 잘 된 덕분에 법정은 기자들의 타자 소리로 가득했다.

'바리깡 사건'의 피해자 어머니는 유가족분의 손을 잡아줬고 나와 '바리깡 사건'의 아버지도 담담히 위로를 건넸다. 고개를 빳빳하게 세운 가해자를 보니 나조차도 울화가 치밀었다. 유가족들은 태연히 법정을 나서는 가해자를 보며 법정이 떠나가리만큼 울부짖었다. 내가 할 수 있는 일이라곤 그저 옆에 있어주는 것밖에 없었다.

사건을 접할 때마다 가슴이 시큰대지만 '신림동 공원 살인 사건'은 유독 더 그러했다. 가해자 최윤종은 등산로로 출근하던 여성을 너클로 구타한 뒤 성폭행을 저질렀다. 사건 개요를 자세히 알지 못했는데도 왠지 모르게 익숙했다. 혹시나 '부산 돌려차기 사건'의 모방범죄가 아닐까 불안해졌다. 이건 내 사건의 CCTV 영상을 공개하기 망설였던 이유 중 하나이기도 했다. 잔인한 영화를 본다고 다 잔인해지는 건 아니라고 하더라도 전과 18범이 여전히 범죄를 저지른다는 건 다른 범죄자들을 자극할 수 있었기 때문이다. 난 1심도 전부터 보복범죄를 예상했지만 다들 무시했다. 그리고 2심 전에도 엄벌을 내리지 않으면 되돌릴 수 없는 강을 건너는 거나 다름없다고 경고했지만 이 또한 받아들여지지 않았다. 그 이후로 이상동기 범죄는 나날이 늘어가더니 신림동 공원 살인까지 벌어진 것이다. 사건이 검찰로 넘어가자 그 찝찝함이 그저 기분 탓이 아니었음이 드러났다. '신림동 공원 살인 사건'이 '부산 돌려차기 사건'의 모방범죄라는 보도가 나왔다. 너무나 괴로웠다. 범죄피해자들을 돕겠다고 사건 공론화를 해왔던 내가 또 다른 피해자를 만든 건 아닐까. 그런 내가 그들을 위해 할 수 있는 일은 SNS 게시글로 사람들에게 탄원서 제출을 독려하는 것뿐이었다. 그러자 뜻밖의 연락이 왔다. "피해자 친오빠입니다. 선생님도 힘드실 텐데 이렇게 공론화해주셔서 정말 감사드립니다." 글을 읽는 순간 눈물이 차올랐다. 죄송하고 또 감사했다. 아직 마음도 못 추슬렀을 게 분명한데 오히려 나를 달래주셨다. 나는 모방범죄라는 보도를 보고 마음이 불편했다며 죄송하다는 말을 전했다. 유가족분은 그런 생각하지 말라며 몸은 괜찮냐고 물어왔고, 그 답장을 받고야 며칠 만에 처음으로 편히 잠들 수 있었다.

이튿날 뉴스에서 '부산 또래 여성 살인 사건' 가해자 정유정의 재판을 담당하던 재판부는 "최근 '부산 돌려차기 사건'의 모방범죄인 '신림동 공원 살인 사건'이 일어나며 모방범죄에 대한 우려가 있으니 자극적인 보도를 자제해달라"라고 말했다. 그러면서 언론 보도는 "경각심을 일깨워주는 역할을 해야 하고 범행을 유발하는 수단이 돼선 안 된다. 언론도 책임을 져야 한다"며 시정되지 않은 보도가 계속되면 "사회적인 악영향을 끼친다는 의미에서 다음 기일부터 공개 재판 여부를 심각하게 고민해보겠다"라고 했다. 유가족분의 메시지가 없었다면 얼마나 큰 죄책감에 시달렸을지 가늠도 안 됐다.

정유정 사건의 재판부가 바로 '부산 돌려차기 사건'의 1심을 담당했던 재판부다. 반성하지도 않는 가해자에게 범죄 사실을 인정한다는 이유로 8년을 감형했으면서 모방범죄를 우려한다니, 역했다. 모방범죄는 타 범죄의 잔인한 행태를 따라 발생하는 게 아니다. 전과 18범도 감경받을 수 있다는 너그러운 사법 체계를 따라 발생하는 것이다. 내가 언론을 찾아야 했던 것도 1심 재판부 때문이었다. 기록을 일절 보여주지 않아서 매번 법정에 참석해야 했고, 방청하는 나를 보며 가해자는 보복범죄까지 결심했다. 게다가 민사송부 촉탁으로 기록을 받으려 해도 1심이 끝나야 주겠다며 접근을 제한했다. 내가 언론을 찾게 만든 장본인이면서 모방범죄가 우려되니 언론의 자극적인 보도를 자제해달라니. 나는 사법 체계에 분노하지 않아서 가만히 있던 게 아니다. 다른 피해자를 돕기 위해 참고 있었을 뿐이다. 이 날은 도저히 참을 수 없어서 국민신문고에 민원을 넣었다.

2022고합282 부산 돌려차기 사건의 피해자입니다. 신림동 공원 살인 사건에서 최윤종이 부산 돌려차기 사건을 모방했다는 이야기를 듣고 한때 죄책감을 느꼈습니다. 하지만 제가 언론화를 결정한 것은 오직 OOO 판사님의 판결 때문이었습니다. 다른 가해자들은 반성하는 척이라도 하는데 제 가해자는 심지어 지루해 보일 정도였습니다. 그런데 판사님은 가해자가 반성했다는 이유로 검찰이 구형한 20년에서 8년을 감형했습니다. 모든 것이 판사님의 잘못이라고 생각하진 않습니다만, 제가 언론을 통해 사건을 공론화할 수밖에 없었던 이유는 판사님이 대체 가해자의 무엇을 보고 반성하고 있다고 느끼셨는지 이해할 수 없기 때문입니다. 저도 CCTV 영상을 언론에 내보내고 싶지 않았습니다. 많은 분이 PTSD를 느낄 수도 있고요. 하지만 오로지 판사님의 양형 기준 때문에 내린 결정이었습니다. 그러니 '잔인한 게임으로 범죄율 높아진다'는 말처럼 '영상으로 인해 모방범죄가 많아졌다'는 말은 삼가셨으면 합니다. 모방범죄는 영상 때문이 아닌 너그러운 판사님들의 양형 기준 때문에 발생합니다. 사건을 직접 담당하셨던 판사님이 이런 식으로 말씀하시니 너무 혼란스럽습니다. 엄중히 처벌하셨어야죠. 반성문이라도 제대로 읽으셨어야죠. 회복적 사법을 운운하면서 왜 가해자가 해야 마땅한 반성이 감형 사유가 되나요. 피해자가 용서하지 않겠다는데 왜 판사님들이 용서하나요? 가해자가 보복 범죄를 계획하게 된 것도 OOO 판사님의 몫이 적지 않습니다. 기록 열람도 전혀 허가하지 않으셨고, 민사 문서 송부 촉탁이라도 해보려고 변호사를 선임해야 했고, 결국 제 가족들이 사는 본가의 주소까지 노출되었습니다. 공소장 말고는 알려주는 게 없어서 스스로 알아내려던 저를 보고 가해자는 복수를 결심했습니다. 교정청에서도 "이 년 때문에 형량을 과하게 받았다"며 떠들어대고 있다고 합니다. 저를 '확성기 년'이라고 부릅니다. 제 집주소를 달달 외우고 자기 엄마가 죽기라도 하면 장례식을 빌미로 절 찾아와서 죽일 거라는 말을 합니다. 뭘 보고 가해자가 반성했다고 하십니까. 전 20년 뒤에 판사님 때문에 죽을지도 모르지만, 겨우겨우 피해자들을 대변하는 활동을 하고 있습니다. 만약 신림동 공원 살인 사건의 유가족분과 연락이 닿지 않았다면 판사님의 말에 또다시 무너졌을 겁니다. 유가족분들조차 범죄는 영상이 아니라 오로지 가해자의 잘못으로 벌어졌다고 얘기했습니다. 판사님의 발언이 과연 범죄피해자들을 위한 것인지 심히 의문이 듭니다. 덕분에 저는 보복 협박죄와 모욕죄로 추가 고소를 진행하고 있습니다. 판사가 언론을 통제해서는 안 됩니다. 본인 시간을 쏟아가며 공론화를 하려는 피해자가 어디 있답니까. 억울한 이 마음을 누구라도 알아줬으면 해서 결국 언론을 선택할 수밖에 없는 이 상황이 부조리하지 않나요? 왜 법원은 그러지 못할까요? OOO 판사님은 모방범죄에 대한 발언을 멈춰주시고 피해자에게 너그러운 정보 열람 등사권을 보장해주십시오. 가해자의 2심 항소이유서를 함께 첨부합니다. 판사님으로 인해 피해받는 피해자가 다시는 없길 바랍니다. 누구도 범죄피해자가 되지 않으리란 보장은 없어요. 그게 누구든지요.

'신림동 공원 살인 사건'의 유가족은 자책하지 말라며 나를 다독여줬다. 내가 잘못한 건 없다고, 다 가해자의 잘못이라고 말했다. 전문가가 아닌 우리도 아는 사실을 판사가 모른다는 게 아이러니였다. 재판부는 정유정의 반성문을 하나하나 다 읽어보고 있다고 했다. 그렇게 반성문을 잘 읽으면서 어째서 내 사건의 가해자를 8년이나 감형할 수 있었을까. 역시나 이 재판부는 언론이 떠들어대는 등의 귀찮은 일을 싫어하는구나 싶었다. 그들에게는 여전히 한 사람의 인생이 아니라 한 사건일 뿐이었다.

친구를 떠나보내다

'카라큘라' 채널을 봤다면 학교폭력 피해자였던 표예림씨를 알지도 모른다. 겪은 일을 적극적으로 표현하는 게 정말 멋있었고 얼굴을 공개하는 용기가 대단하다고 생각했다. 사건을 정확히는 몰라도 나는 항상 그의 행보를 응원했다. 그러다 마침내 우리는 친구가 되었다.

'안녕하세요. 표예림이에요. 천호성 변호사님께 종종 말씀 전해들었는데, 또래라고 하더라고요. 언제 한번 대화하고 싶은데 시간 괜찮을까요?' 메시지가 왔다. 나는 당장 답장했다. 첫 통화는 정말 웃겼다. 서로를 '연예인'이라고 불렀고 서로가 대단하다며 응원했다. 알고 보니 예림이는 부산지방법원 근처에서 1인 미용실을 운영했다. 내가 탄원서를 내러 가는 길에 지나쳤을 수도 있었다. 학교폭력은 당한 지 오래돼서 상해에 해당하는 죄만 공소시효가 남아 있다고 했다. 처음엔 나도 학교폭력 피해를 왜 이제 얘기하는지 궁금했다. 예림과 대화하며 뒤늦게 피해의 심각성을 알게 됐다. 학교폭력을 신고하면 불편해지는 건 피해자도 마찬가지다. 심지어 피해자가 이사를 가야 할 때도 있다. 예림은 부모님이 힘들지 않았으면 해서 그저 참았다고 했다. 얼마나 많이 참아왔던지 내 눈에는 겨우 살아 있는 꽃 같았다. 얼굴이 비쩍 말라 있었다. 밥도 제대로 먹지 않고 죽으려고도 했다고 한다. 예림이는 시간이 지나고서도 괴로운 현실 그리고 다른 피해자들을 위해 공론화를 결심했다. 그래서일까 피해자를 진심으로 아꼈고 자신처럼 아픈 사람이 없기를 바랐다. 나는 내 생활에 지장이 가지 않는 선에서 피해자들을 도왔지만 예림은 피해자를 돕는 일이라면 미용실을 닫아가며 임했다. 그래도 차차 피해자들을 돕는 활동에서 진척이 보이며 예림이라는 꽃은 화려하게 피어나는 듯했다. 누군가를 돕는다는 사실에 행복해했고 때로 과하다 싶을 만큼 피해자를 돕는 데 몰두했다.

어느 날, 예림은 자신과 비슷한 학교폭력 피해자를 만나러 간다고 했다. 남성 피해자를 만난다기에 모르는 사람을 만나는 것이니 조심히 다녀오라고 말했던 것 같다. 다행히 만남이 순조로웠던지 학교폭력 피해자 연대를 맺었다고 했다. 하나둘 예림의 행보가 쌓여가며 활동 반경이 넓어지는 중이었다. 그러던 어느 날, 모임에 문제가 생겼다고 했다. 이윽고 예림이의 유튜브 채널에 엄청난 양의 악성 댓글이 달리기 시작했고, 왜 후원금을 받았냐는 등의 비난이 잇따랐다. 예림이는 점차 처음 만났던 시든 꽃의 모습으로 돌아가고 있었다. 나는 그만하라고 말렸다. 너도 피해자인데 왜 남들 먼저 돕겠다는 거냐고, 제발 너부터 돌보라고 타일렀다. 내가 잔소리를 해서인지 연락이 뜸해졌던 예림과 다시 만난 건 상상조차 하고 싶지 않은 방식으로였다.

예림이가 자살을 암시하던 영상은 내가 카페에서 일하고 있을 때 올라왔다. 이미 확인했을 때 즈음엔 라이브 방송이 아니었다. 사람들이 연락해오며 예림의 행방을 물었다. 나는 예림을 만나면 머리 한 대 쥐어박겠다고 성을 내며 수원지로 찾아 나섰다. 불안했지만 그럴 리 없다고 거듭 생각했다. 수원지가 있는 산꼭대기까지 걸었다. 걷다 보니 마음이 점점 더 불안해졌다. 가파른 경사를 뛰어 올랐다. 그러나 정상에 도착했을 때 이미 상황은 끝나 있었다. 스킨스쿠버들은 옷을 벗고 있었고 구급차와 경찰은 내려가고 없었다. 무슨 상황인지 물어도 다들 알려줄 수 없다고만 했다. 응급실이 있는 주변 병원을 다 돌았다. 그러다 한 병원에서 과학수사대에 둘러싸인 예림의 부모님과 마주쳤다. 머리가 새하얘졌다. 그제야 예림이가 떠나갔다는 걸 직감했다. 이 상황을 어떻게 받아들여야 할지 알 수 없었다. 예림의 아버지에게 내가 '부산 돌려차기 사건'의 피해자라고, 예림의 친구라고 말했더니 내 얘기를 많이 들으셨다고 했다. 그 말을 듣자마자 참았던 눈물이 쏟아졌다. 어머니는 충격과 공포에 빠져 나를 만나는 것도 힘들어하셨다. 입관식에서 뻣뻣하게 굳은 친구의 주검을 보는 게 어떤 기분인지는 무슨 말로도 표현할 수 없다. 다들 슬픔에 젖어 흐느낄 뿐이었다.

 내가 이 이야기를 굳이 적는 건 이후의 상황을 말하고 싶기 때문이다. 공연히 자살을 암시했던 예림의 영상을 보고 취재기자들은 카메라를 들고 장례식을 찾았다. 미디어에서는 이미 속보로 사망 소식이 다뤄지고 있었다. 유가족들은 공론화를 원하지 않았기에 비밀리에 장례를 진행해야 했다. 그렇게도 사람을 좋아하던 예림이는 친한 친구들의 배웅을 받지 못한 채 마지막을 맞아야 했다. 학교폭력 피해자 공소시효를 성인이 된 이후부터 적용하는 '표예림법'이 꼭 만들어졌으면 한다. 그리고 부디 또 다른 예림이에들게 아플 때는 꼭 누군가에게는 얘기해달라고 부탁하고 싶다. 더 늦게, 더 크게 아프지 않도록.

범죄피해자를 위한 사회

 범죄피해자 커뮤니티 결성을 미루던 나는 한 뉴스를 보고 더는 이를 미룰 수 없었다. '옥바라지' 커뮤니티가 있다는 기사를 보고 나서였다. 이른바 범죄가해자의 가족들이 소통하는 커뮤니티였다. 그 자리에서 바로 수첩을 펼치고 온라인 카페를 열고 카테고리를 구획했다. 몇 명이나 가입할지는 중요하지 않았다. 피해자에게도 커뮤니티가 있다는 게 중요했다. 그렇게 마침내 '대한민국 범죄피해자 커뮤니티'가 열렸다. 이곳이 모두에게 열려 있길 바랐다. 범죄피해의 당사자이건 아니건 모두 소통할 수 있는 창구였으면 했다. 그리고 무엇보다 많은 사람이 피해자를 응원하고 있다는 걸 다른 피해자들이 느낄 수 있길 바랐다.
 공론화를 하며 나는 '세상에 좋은 사람도 많다'는 걸 알았다. 대한민국 범죄피해자 커뮤니티의 운영 스태프를 모집한다고 했을 때도 많은 분이 지원해줬다. 바라는 것 없이 범죄피해자를 돕겠다는 마음만으로 찾아준 분들이었다. 엄청나게 열성적이던 한 스태프분은 그 또한 범죄피해자였는데, 이미 형사재판에 이어 민사소송까지 끝냈다고 했다. 그 말이 내심 부러웠지만 듣고 보니 이후의 상황도 만만치 않아 보였다. 민사소송 때문이었다. 승소를 했으니 변호사에게 성공 보수를 줘야 하는데 가해자는 돈 한 푼 없는 사람인 데다, 가해자한테 돈을 받지 못했음에도 채권은 발생했으니 이쪽에서 물어야 할 돈만 생긴 것이다. 지금은 변호사 비용을 대려고 닥치는 대로 일하는 중이라고 했다. 피해만으로도 억울한데 피해 구제 역시 피해자의 몫이었다. 여전히 사법 체계는 이해할 수 없는 것투성이였고, 심지어 이분은 소득 수준이 높아 범죄피해 지원 대상도 아니라고 했다. 소득 수준이 높다고 범죄피해를 당하지 않았으면 모를까, 이분은 오히려 그 소득의 대부분을 변호사 성공 보수를 갚는 데 쓰고 있었다.

사법부의 저울은 너무나도 기울어져 있다. 그뿐만이 아니다. 사건으로부터 2년쯤 지났을 때 스마일센터는 아직 피해를 완전히 회복하지 못한 피해자에게 "보통 1~2년이면 회복하던데……"라며 눈총을 줬다. 범죄피해자를 지원하는 센터에서 있어선 안 되는 일이었다. 그제야 센터를 다니던 피해자들이 왜 내게 연락을 해오는지 알 것 같았다. 피해자 지원 제도는 충분히 마련되지 않은 건 물론이고 기존의 것들마저도 제대로 기능하지 않고 있었다. 하물며 만족도 설문조사조차 하지 않으니 피해자의 목소리가 반영되지 않고, 개선될 여지도 없는 것이다.

가령 저출생이나 빈곤에 대처하는 복지 제도는 국가가 문제를 단번에 해결하지 못하더라도 천천히나마 상황을 개선하겠다는 노력의 일환이다. 그런 면에 있어서 범죄피해는 왜 열외로 여겨지는지 이해할 수 없었다. 그저 길을 지날 뿐이던 사람까지, 그야말로 누구나 범죄피해자가 될 수 있다. 물론 나 역시 과거에는 범죄 시사 방송을 보며 범죄란 불행한 사람에게 일어나는 일로만 치부했다. 하지만 나는 이제 말할 수 있다. 정말 누구나 범죄피해자가 될 수 있다.

적극적으로 나서지 못하는 범죄피해자들을 대신해 나서고 싶었다. 그날부터 법을 바꿀 능력과 책임이 있는 사람이라면 누구에게든 건의하기로 했다. 문서의 제목은 '범죄피해자 지원 제도의 실효성 한계'였다. 범죄피해자들을 직접 만나고 대화하며 조금이라도 설립의 필요성을 느끼거나 보완되어야 한다고 생각한 제도들을 정리해나갔다. 수사, 재판, 재판 이후까지 고려하며 범죄피해자 지원 제도에서 미비한 지점을 따졌다. 첫 장에 크게 '어디에도 피해자를 위한 회복적 사법은 존재하지 않았다'라고 제목을 적었다. 회복적 사법이라는 번지르르한 말로 피해자들은 오히려 상처받았다. 진정한 회복적 사법이라면 피해자와 가해자 양쪽 모두 이 사건으로부터 회복돼야 하지만, 가해자 혹은 사법기관만이 회복되었을 뿐이었다. 단계별로 중요하게 살펴볼 내용을 적어 내려갔다. 간단히 말하자면 순 고칠 점투성이다. 사실 너무 많아서 그나마 고칠 수 있는 것들만 적었다. 그러니 한 차례 숨을 고르고 읽길 권한다.

첫째, 피해자는 재판의 당사자다. 피해자가 없으면 사건도 없다. 그런데도 법원의 관계자들은 피해자가 재판 당사자가 아니라고 말한다. 반드시 바로잡아야 하는 표현이다. 경찰 수사 단계에서 전혀 알지 못했던 "사각지대 속 7분"을 법정에서 들었을 때 뒤통수를 맞은 기분이었다. 피해자가 재판 기록을 열람할 수 있도록 허용하는 것은 필수다. 재판에 지장을 주지 않는 한 열람 복사를 허가해야 한다. 그러나 현 재판부는 피해자들에게 열람 복사를 허가하지 않으며 피해자들은 영문도 모른 채 거절당한다. 현 사법 체계에서 피해자의 알권리는 박탈당하고 있다.

둘째, 재판이 끝난다고 사건이 끝나는 것은 아니다. 가해자에게 내려진 형량이 다가 아니며, 보복범죄를 방지할 체계가 필요하다. 피해자는 재판 후에도 가해자의 신상 정보를 대략적이나마 알 수 있어야 하고 이는 접근성을 보장하는 웹사이트를 구축해 운영·관리되어야 한다.

셋째, 피해자 지원센터가 수사 단계에서부터 자동으로 범죄피해자와 연계되어야 한다. 난 거의 1년 동안 어떤 센터의 도움도 받지 못한 채 지내야 했다. 그렇게 홀로 맞서 싸웠다. 그저 정신과 약으로 버텼다. 다른 강력범죄피해자와 만나지도 못했고, 나는 내가 세상에서 가장 불쌍하다고 생각하며 우울감에 빠져 살아야 했다. 마치 무인도에 있는 것 같았다. 이런 일을 누군가 다시 겪게 하지 않으려면 범죄피해자 지원센터를 통해 다른 피해자들을 비롯해 함께할 수 있는 사람이 있다는 걸 알려줘야 한다. 하지만 수사 단계에서는 범죄피해 전담 경찰관을 만나다가, 사건이 검찰로 넘어가면 범죄피해자 지원실로 가라고 한다. 새로운 사람을 얼마나 많이 만나야 하는지 모른다. 타인에 대한 신뢰가 완전히 무너진 범죄피해자들이 적응하고 이해하기엔 무척이나 어려운 체계다. 처음부터 끝까지 함께하며 필요한 점들을 파악해줘야 미래의 피해자가 고통받을 일이 줄어들 것이다.

넷째, 범죄와 관련 없는 양형 기준(반성, 인정, 초범, 공탁)을 없애야 한다. 피해자는 보지도 못한 반성문이 무슨 소용이며, 합의하지 않겠다는데 공탁을 넣어대는 행태는 구역질이 날 정도다. 피해자들은 특히 반성과 인정이라는 말 앞에 무너진다. 사람이 무언가 잘못했을 때 인정하고 반성한다는 건 당연하게도 거쳐야 하는 과정인데 어째서 양형 기준이 되었나. 하물며 피해자는 가해자가 진정으로 반성한다고 생각하지 않는데 판사가 그렇다고 결정해버리면 통탄스러울 뿐이다. 또한 범죄에 대한 배상금은 민사소송으로 청구할 수 있는 권리인데, 이마저 감경 요소가 되는 것은 부조리하다.

다섯째, 범죄피해자 연구를 위해 피해자들을 대상으로 정기적인 설문조사를 실시해야 한다. 어떤 기관이든 지속 가능하려면 평가와 감독이 필수적이다. 그런데 범죄피해자 지원기관은 그렇지 않아 보인다. 기관은 고인 물처럼 변질돼, 피해자들에게 2차 피해를 안겨줄 것이다. 범죄자들에 대해서는 활발한 연구가 진행되어 왔지만 범죄피해자 연구는 소극적이었다. 피해자들 또한 조사에 미온적으로 대처했기 때문이다. 하지만 그럴수록 더 꾸준히 질문해야 한다. 대답이 없으면 다시 물어야 한다. 그게 국가의 책임이다. 이어서 범죄피해자를 위한 커뮤니티가 형성돼야 하고 범죄피해 대응법이 일반 시민에게 널리 홍보돼야 한다. 나아가 범죄피해와 관련한 기금이나 후원 제도 역시 꾸준히 알려져야 한다. 지금은 범죄피해자 지원에 필요한 기금을 벌금의 8퍼센트를 징수해 운영하고 있다. 현저히 부족한 액수인데, 후원하고 싶어도 기관이나 지원센터가 분산된 탓에 어디로 어떻게 후원할 수 있는지 갈피를 잡기도 어렵다.

마지막으로 범죄피해자 지원을 소득 수준에 따라 제한할 게 아니라 범죄피해에 따라 제공해야 한다.

이렇게 과정별로 필요한 제도와 점검되어야 할 사안들을 적고, 부디 피해자들이 살아 있음을 후회하는 일은 만들지 말아 달라는 말로 끝마쳤다.

범죄피해자 지원의 단계별 개선안

수사(경찰청)

보디캠 착용	출동 경찰과 구급대원은 증거 수집을 위해 모두 보디캠을 착용한다.
증거물 확보 의무 재정비	가해자의 범죄 동기가 의심되거나 피해자에게 기억 혹은 의식이 없을 시 성범죄 검사와 증거물 수집을 의무화한다.
사건 경위서 제공	사건을 요약한 경위서를 피해자에게 제공한다. 피의자의 신상 정보가 포함되어야 한다.
범죄피해자 지원 안내 책자 제작	모든 관련 기관에 비치할 책자를 제작해 형사와의 첫 면담 시 제공해야 한다.
신상 정보 공개 기준	특수강력범죄는 사법부가 먼저 신상 정보 공개 여부를 검토한 뒤 순차적으로 언론에서도 다룰 수 있게 개선한다.
중상해 시 보험 가입 제한 방지	범죄피해가 중할 시 보험 신규 가입이 무척 까다롭다. 이와 관련한 보험약관이 개정되어야 한다.
양방향 알림 프로그램	가해자가 특정 거리 내에 있을 때 울리는 양방향 스마트워치 문자, 애플리케이션 중 하나는 꼭 필요하다.
범죄피해자 유급휴가 제도	최소 1~3개월은 범죄피해자에게 트라우마 극복을 위한 치료(혹은 실업급여)를 제공해야 한다.

범죄피해자 가족 치료 지원	범죄피해자 가족의 트라우마 회복을 도와야 한다.
범죄피해자 순찰 시스템	범죄피해가 발생한 구역에 일일 순찰이 아닌 일주일 순찰을 신청할 수 있게 해야 한다.
중상해 시 임시 장애인 등급 부여	중상해 시 6개월 이후 장애인 자격을 심사할 수 있지만 6개월 이전부터 심사할 수 있도록 고려돼야 한다.
정보 공개 의무화	경찰 사건번호 접수 시 피해자에게 범죄 관련 CCTV 영상 등의 접근 권한을 부여해야 한다 (시간이 지나면 폐기되는 특수성이 있기 때문이다).

재판(검찰청, 법원)

사건번호 검색 시 피의자 이름 기입란 삭제	피의자 이름을 모르면 자신이 피해자임에도 사건에 대해 알 수 없다.
반성문 제도 폐지	탄원서가 있으므로 별도의 반성문은 필요치 않고, 반성 여부를 사법부가 자의적으로 판단할 수는 없다.
사건 개괄 보고서 제공	피해자도 재판 기록을 자유롭게 열람·복사할 수 있는 권리가 보장되어야 한다.
온라인 재판 방청 안내	범죄피해자들이 보복범죄를 우려될 때 온라인 재판 방청 안내는 필수적이다.
위증죄	피고인이 위증할 시 위증죄 처벌 요인 혹은 양형 요소로 판단해야 한다.

PTSD 범죄피해자 대응 매뉴얼 구축	기억장애 피해자의 진술을 획득할 때를 비롯해 조사 매뉴얼을 구축하고, 범죄피해자를 담당할 요원을 배치해야 하며 요원은 사건 담당 검사와 연계돼야 한다.
범죄 사실과 관련 없는 양형 기준 폐지	초범, 인지, 반성, 공탁은 피해자를 위한 회복적 사법 절차가 아니며 범죄 사실과 관련 없기에 폐지한다(합의는 제외한다).
전자 기록 열람	형사재판은 수작업으로 정보를 가리기 때문에 신상 정보 유출 가능성이 현저하며, 따라서 1회 전자 열람을 통해 기록을 간편히 볼 수 있도록 체계를 구축해야 한다.
공탁 기한	피고인의 공탁 기한을 검찰이 구형하기 전날까지로 정하고 피해자가 공탁을 거부할 권리도 마련해야 한다.
범죄피해자 지원 제도 자동 연계	현 제도에서는 피해자가 직접 검찰청 지원센터로 연락해서 면담을 잡아야 한다.
범죄피해자 지원 제도 서류 최소화	현재는 범죄피해자 치료비 등을 병원에 선납한 뒤 사후 청구하기 때문에 경제적 부담이 줄지 않고 제출 서류 또한 많아서 범죄피해자가 지원을 받기 까다롭게 되어 있다.
범죄피해자 대상 대출 상품	범죄피해자가 자립하지 못하거나 그러한 생활이 지속될 수 있기에 저금리 대출 상품을 제공해야 한다.

재판 이후(교정청)

재판 결과 통지서 발송	보호관찰 또는 전자발찌 조치를 당한 해당자를 조회할 수 있는 플랫폼이 구축돼야 한다.
보호관찰, 전자발찌 해당자 조회 플랫폼 구축	자세한 신상 정보를 제외하고 구속, 재소, 출소, 사망 등으로 구분되어 편리하게 검색할 수 있는 플랫폼을 구축한다면 범죄피해자의 심적 부담감을 줄여줄 수 있다.
양방향 알림 시스템 구축	자동으로 신고된다는 스마트워치는 제 기능을 못 하며 소용없다. 피해자는 사후 수습이 아니라 사전 대책이 필요하다.
범죄피해자 회복 프로그램 구축	교정 시설에서 가해자들 훈련을 포함해 제도적으로 지원받듯이 피해자 역시 회복을 위한 프로그램이 필요하다. 범죄 트라우마센터를 확대해야 한다.

1년 4개월을 외로워한 끝에 만들 수 있었던 개선안이다. 비록 내가 처한 상황은 괴로웠지만, 덕분에 피해자 지원 제도의 부족한 점들을 파악할 수 있었다. 또한 많은 피해자분이 도와주지 않았다면 현실적인 개선안을 만들 수 없었을 것이다. 지역마다 오차는 있겠지만 그건 줄여가면 된다. 더 쓸모 있는 제도를 만들기 위해 많은 전문가분이 연락해주셨으면 좋겠다. 용기 내주신 피해자들께 이 자리를 빌려 감사의 말을 전한다. 이제 법을 바꿀 사람들에게 전달할 일만 남았다.

4장
피해자를 대표하는 프로불편러

법무부 장관과의 대화

법을 바꾸려면 법과 가까이 있는 사람을 만나라고 했던가. 정치를 할 마음은 눈곱만큼도 없다. 어떻게 해야 할지 고민하던 중 '카라큘라'에서 국회에 가보자고 제안해줬다. 박용진 의원에게 범죄피해자로서 느끼는 불합리함을 얘기해보자는 것이었다. 피해자의 일이라면 무조건 좋다고 하는 나였고, 심지어 국회의원과의 만남이라면 거절할 이유가 없었다. 어디서부터 이야기를 시작해야 할까, 긴장하며 의원실에 들어갔다. 의원님은 법제사법위원회 소속이었다. 내가 생각했던 국회의원과는 조금 달랐다. 의원실에서 기타를 칠 정도로 낭만이 있는 분이었고, 피해자인 내 이야기도 세심하게 잘 들어줬다. 일단 피해자들의 알권리를 먼저 찾아야겠다고 생각했다. '카라큘라'와 촬영할 때부터 피해자들의 열람 복사권이 불합리하다고 꾸준히 얘기해왔었다. 의원님이라면 법제와 사법에 관해 국회에 건의할 수 있을 테니 피해자의 뜻도 제대로 전하시리라 기대했다. 그분의 다짐을 받고 흐뭇하게 돌아왔다.

그로부터 몇 달 뒤 의원실에서 연락이 왔다. 국정감사 기간인데 '부산 돌려차기 사건' 피해자로서 증인이나 참고인으로 나와줄 수 있냐는 제안이었다. 당연히 예스였다. 증인에서 참고인으로 바뀌었지만 이 정도의 관심도 고맙다고 생각했다.

조정훈 의원실에서도 연락이 왔다. 법무부 국정감사를 하는데 할 말이 있느냐 물어왔다. 자리만 만들어준다면 할 얘기는 넘친다고 답했다. 하지만 국정감사에서 참고인이나 증인은 여당과 야당이 모두 합의해야만 나갈 수 있기에, 혹시 국정감사에 서지 못하더라도 법무부 장관에게 영상 편지를 보낼 수 있도록 돕겠다고 했다. 범죄피해자들의 처우를 국회에서 관심 있게 지켜본다는 게 기뻤다. 의원실에서는 영상을 촬영하고 준비하는 내내 세심하게 신경 써주셨다. 의원님이 내게 뭐가 가장 힘들었는지 물으셨다. 숨이 턱 막혔다. 뭐 하나가 힘든 게 아니라 전부 다 힘들었다. 순위를 매길 수 없을 만큼 매 순간이 고통스러웠다. 언제 끝날지 모르는 이 싸움을 꾸역꾸역 해나가야 하는 현실 그 자체로 힘들었다. 하지만 법무부 장관에게 전해야 할 말이라면 정해져 있었다. 범죄피해자 지원과 관련된 문제였다. 범죄피해를 당한 것도 억울한데 검찰과 법원에 오히려 심판받는 것만 같았다. 지원센터도 범죄피해 구조금도 자동으로 연계되지 않아 다 직접 찾아봐야 했다. 지독하게 외로웠고 다른 피해자들은 이런 일을 겪지 않길 진심으로 바랐다.

국가가 어떤 존재였는지 묻는 의원님의 질문에는 곧바로 2차 가해가 생각났다. 1차 가해는 가해자에게 직접 타격받은 것이지만 이후 수많은 수사와 사법 절차에서 나는 소외됐고 2차 가해를 받았다. 이제라도 바로잡을 수 있으면 좋겠다고 생각했다. 이에 더해 우리 사법 체계가 가해자를 벌하는 데에만 신경 쓴다는 생각이 든다며, 가해자와 피해자 모두의 권리를 챙기는 회복적 사법이 되어야 한다고 강력하게 얘기했다. 그리고 피해자를 위한 제도라면 꼭 피해자에게 물어달라고 당부했다. 조정훈 의원님은 법무부로부터 3개월 동안 답변을 받지 못한 '장관과의 대화'에 관해서도 지적해줬다. 의원님은 내가 "검사는 가해자를 벌하는 사람이지, 피해자 편은 아니라는 느낌을 받았다"라고 말하는 것을 듣고 마음이 아팠다고 말했다. 검사가 오로지 피해자 편만 들 수는 없다. 하지만 만약 센터에도 연계되지 않은 피해자는 철저히 소외당한다. 게다가 몸을 다친 사람의 트라우마는 오죽하겠는가. 이 모든 이야기 끝에 법무부 장관의 생각을 물으며 촬영이 끝났다.

국정감사에서 조정훈 의원님의 질의에 장관님의 답변은 예상 밖이었다. "피해자의 편에 서는 것도 가해자를 벌하는 것도 법무부의 역할이라고 생각한다. 더 확실히 하도록 조치하겠다. 피해자가 부족한 점을 느끼게 만들어서 죄송하다."

이튿날 조정훈 의원실에서 연락이 왔다. 어제 국정감사를 봤는지 묻더니, 법무부 장관님이 내게 연락해보고 싶다는데 내 생각은 어떠냐는 것이다. 당연히 좋다고 했다. 무슨 얘기를 먼저 꺼내야 할지 정리하는 내내 심장이 쿵쾅거렸다. 법무부에서 전화가 왔다. '장관과의 대화'를 다시 읽어봤고, 자기 생각도 나와 같다며 청원 내용에 깊이 공감한다고 했다. 불편했던 점을 더 물으셨지만 지금 바로 얘기하기엔 해야 할 말이 너무 많았다. 피해자 지원 제도가 미진한 걸 아시지 않냐며 전화 한 번으로 다 전할 수 없으니 메일 주소를 주면 관련 문서를 보내겠다고 답했다.

그리고 그날 저녁, 여태 준비했던 문서 '범죄피해자 지원 제도의 실효성 한계'와 '법무부 장관님께'라는 제목의 문서를 발송했다. 우선 이 사건과 관련해 사과받은 것이 처음이라 당황스러웠지만 동시에 감사했다고 썼다. 이어서 나는 지금까지 한 번도 피해자를 찾아 나선 적이 없다고 썼다. 절벽까지 내몰린 범죄피해자들이 먼저 찾아왔다. 심지어 지원센터에 연계된 피해자들까지 나를 찾았다. 분명 문제가 있었다. 제도 자체도 미비했지만 기존 제도가 제대로 기능하지 않는 게 문제였다. 꾸준한 관리와 감독이 필요하고, 피해자들에게 직접 만족도 조사를 시행해야 한다고 적었다. 법무부 장관에게 직접 연락하는 기회를 내 피해 구제만을 위해 쓸 수는 없기에 모든 범죄피해자에게 가장 필요한 세 가지를 전했다.

첫째, 2차 범죄피해(보복범죄)를 방지해야 한다. 보복범죄는 전혀 예상할 수 없는 범죄가 아니기에 국가가 피해자들을 방치했다고 여겨질 수 있다. 국가의 위상을 위해서라도 엄격하게 관리해야 하는 문제다. 스마트워치는 사건 발생 전까지는 그저 무거운 시계에 불과하다. 상황이 일어나고 신고 버튼을 누른대도 경찰이 할 수 있는 일이라곤 수습뿐이다. 피해자는 가해자의 정확한 위치는 알고 싶지도 않다. 그저 가해자가 일정 거리 안에 들어왔을 때 관제센터와 피해자에게 동시 알람이 울리는 양방향 스마트워치(또는 이에 견주는 프로그램)를 만들어야 한다.

둘째, 사건과 관련 없는 양형 기준은 고려하지 말아야 한다. 반성, 인정, 심신미약, 초범 등의 양형 기준은 피해자들을 두 번 죽이는 요소다.

마지막으로 피해자들의 알권리를 보장해야 한다. 난 여전히 내 사건에 과도한 형벌이 내려졌다고 생각하지 않는다. 일찍이 중대범죄가 결합된 살인미수 사건으로 다뤄졌다면 20년 형 이상이 선고됐을 것이다. 재판 기록 열람 복사를 허가하지 않아서 꾸준히 공판에 참석해야 했고 민사소송을 신청했는데도 재판 기록은 1심 후에 준다는 답이 돌아왔다. 피해자를 방해물로 취급하는 사법 체계를 보며 국가로부터 배신당한 심정이었다. 심지어 열람 복사 허가 여부는 판사 재량이기 때문에 거부당한대도 이유를 알 수 없다. 나는 공판에 참석할 때마다 가해자가 이 재판은 또 언제 끝나냐는 듯이 여유를 부리는 걸 똑똑히 봤다. 그러나 가해자는 범죄 사실을 반성하고 인정한다는 이유로 1심에서 8년이나 감형받았다. 재판을 겪으며 나는 국가에 버림받은 것 같았고 결국 언론을 찾았다. 그 누구도 자신의 피해 사실을 떠벌리고 싶어하지 않는다. 그러나 사법 체계 어디에서도 존중받지 못한다면 언론을 찾을 수밖에 없다. 재판 기록 열람 권한을 요청하며 피해자가 언론에 기대는 일이 없게 해달라고 간곡히 부탁했다. 끝으로 '범죄피해자 지원 제도의 실효성 한계'에서 잘못된 점이 있다면 지적해달라고 적었다.

범죄피해자들을 위해 움직인다고 해도 이를 객관적으로 확인할 수 없었는데, 이 연락이 그간의 노력을 보상해주는 것 같았다. 메일을 보내고 펑펑 울었다. 정말 잘해왔다고, 그간의 시간을 참아내느라 애썼다고 스스로에게 말했다. 얼마 후 법무부 장관님은 관계 부처에 개선을 권고했으며, 시정하도록 노력하겠다고 답해왔다. 앞으로 변화를 지켜보는 일만 남았다. 이후로도 일은 술술 풀렸다. 국정감사 참고인으로 승인됐고, 박용진 의원님이 해당 사안은 여당이냐 야당이냐의 문제가 아니라며 모두를 설득했다고 했다.

2023년 10월 20일, 드디어 법제사법위원회에 참석했다. 이날은 '부산 돌려차기 사건'을 다룬 「악인취재기」의 '악인의 기억법' 편이 공개되는 날이기도 했다. 국회에 들어갈 때 많은 사람이 내 신변 보호를 위해 애써줬고 칸막이가 쳐진 곳까지 무사히 들어갈 수 있었다. 많은 국회의원 그리고 국민에게 피해자가 겪어야 하는 불합리를 토로했다. 1심에서 재판 기록 열람 복사를 불허한 것, 반성과 인정을 운운하며 감형한 것 등도 박용진 의원님이 질의 시간을 통해 짚어주셨다. 피고인의 방어권은 보호하면서 정작 피해자의 방어권은 보장하지 않는다는 것, 내가 법원에 전하는 묵직한 한 방이었다. 지치지 않고 얘기하면 들어주는 사람도 있다는 걸 알게 된 의미 있는 날이었다.

이어서 조정훈 의원님은 질의 시간에 해당 사건이 「그것이 알고 싶다」로 알려지고 나서야 재판부가 DNA 조사를 허락했다는 점을 언급하며 강하게 비판했다. 또한 부산고등법원장이 피해자인 나더러 "안타깝다"라고 발언한 것을 지적했고, 이게 그저 남의 일이냐고 되물었다. 겸연쩍은 듯 웃는 법원장을 보고 조정훈 의원님은 분노하며 사건의 심각성을 강조했다. 속이 시원했다. 의원님이 내게도 심경을 물어보자, 나는 "저분은 피해를 당하지 않아서 저렇게 말할 수 있는 거"라고 단호하게 대답했다. 사법부는 피해자를 사건 수사를 방해하는 사람으로 취급하며, 이런 사법 체계로는 대한민국의 범죄피해자를 보호할 수 없다고 말했다. '피해자가 용서하지 않았는데, 왜 판사가 마음대로 용서하냐'고 거침없이 내뱉기도 했다. 나름 사법부를 향한 통쾌한 복수였다. 대부분의 판사는 피해자의 인생을 좌우할 중요한 사건을 그저 또 다른 사건쯤으로, 수천 장의 서류 뭉치로 여기고 만다. 그 태도를 보고 피해자들은 국가로부터 버림받았다 느끼고 이민을 택하기도 한다. 나 역시 사법 체계에 억하심정이 든다. 여전히 당시 재판부를 생각하면 분노가 찬다. 하지만 범죄피해자들을 돕기 위해 참았다. 평정심을 유지해야 그들을 오래 도울 수 있기 때문이다. 그렇게 국정감사는 막을 내렸고 나의 잔잔한 복수는 성공적으로 끝났다.

참을 인 참을 인 참을 인

기자며 피디며 다들 나보고 대단하다고 말하는 부분이 있다. 역경을 이겨낸 것도 그렇지만 오랜 시간을 참고 기다려왔다는 것이다. 타인을 설득하기 위해 1년을 참는다는 건 어려운 일이다. 부족한 자료라도 그러모아서 공론화하고 싶은 마음이 굴뚝같았다. 하지만 그렇게 해선 내가 원하는 피해자 지원 제도가 성립할 수 없다고 생각하며 기다렸다. 기다리던 1년이 10년처럼 느껴졌다. 지금까지 해왔듯이 법무부 장관, 국회의원 등 그들의 행보도 끝까지 지켜볼 거다. 고위험 성범죄자 거주지를 제한하는 '한국형 제시카법'과 '가석방 없는 무기징역형'이 신설되었다고 한다. '특정 중대범죄 피의자 등 신상 정보 공개에 관한 법률'도 통과돼서 2024년 1월 25일부터 신상 공개 대상 범죄를 확대하고 공개 대상자 또한 재판받고 있는 피고인까지 포함하게 됐다. 특정강력범죄, 성범죄뿐만 아니라 중상해, 특수상해, 아동·청소년 대상 성범죄, 조직범죄, 마약범죄까지 포함된 것이다. 머그숏 강제 촬영 및 공개권도 강화됐다.

　법무부는 범죄피해 지원 TF팀을 만들고, 빠른 시일 내에 성과를 내겠다고 보도했다. 나는 그제야 진짜 해냈구나 싶었다. 사안을 직접 해결할 수 있는 위치에 있는 사람이 개입하자 입법 속도가 엄청나게 빨라졌다. 당연히 누려야 했지만 그러지 못했던 권리가 한 발짝 앞으로 다가온 것 같았다. 내가 전한 문서의 내용이 거의 반영돼 있었다. 또한 범죄피해자 원스톱 솔루션센터가 생겼다. 2024년도 7월부터 서울시에서 시범 운영된다고 했다. 법률·경제·심리 지원부터 고용·복지·금융 지원을 한 공간에서 안내하는 시설이었다. 나는 한 걸음 더 나아가 조정훈 의원님에게 부산에 사는 사람은 어쩌냐고 물었더니, 다행히 국회 예산결산특별위원회에서 '부산 돌려차기 사건' 피해자의 입장을 언급했고 조만간 지역에도 신설 제도가 정착할 수 있도록 노력하겠다는 답이 돌아왔다. 범죄피해자 원스톱 솔루션센터는 서류를 최소화하고 피해자들이 안심하고 생활할 수 있는 환경을 만들기 위해 수도권과 지역 구분 없이 범죄피해 지원의 보편화를 검토했다. 이런 기획을 국가나 정부가 고민하기 전에 '부산 돌려차기 사건'의 피해자가 고안해냈다며 해당 사건과 나를 언급하기도 했다. 또한 피해자의 열람 등사권을 보장하고 가해자의 구상권을 적극적으로 강화하는 등 단기 과제를 통해 빠른 성과를 낼 것이라고 약속했다. 누군가 피해자의 인권이 먼저냐, 범죄자의 인권이 먼저냐고 묻는다면 단호하게 피해자의 인권이 먼저라고 답하는 법무부 장관님의 발언도 빠지지 않았다. 이제야 국가가 제대로 움직이는 것 같았다.

솔루션센터가 당연히 만들어져야 했던 것이라면, 내가 눈물을 흘리며 기뻐했던 건 따로 있다. 2024년 1월 12일 '스토킹 범죄의 처벌 등에 관한 법률 개정안' 시행에 맞춰 전자 감독 피해자 보호 시스템이 강화된다고 했다. 가해자가 피해자에게 일정 거리 이내로 접근하면 피해자가 그 사실을 바로 알 수 있는 '스토커 위치 정보 피해자 알림 시스템'인 것이다. 스마트워치를 착용하지 않아도 알람이 문자로 전송되며, 스마트워치는 고리형 보호 장치로도 만들어진다고 한다. 또한 휴대폰만 있어도 보호 체계를 작동시킬 수 있는 모바일 애플리케이션도 2024년 하반기에 만들어진다고 하니, 비록 성폭력 범죄에만 해당하는 제도일지라도 엄청난 변화였다. 이 소식을 처음 들었을 때 그 자리에서 눈물이 터졌다. 20년 뒤에도 살 수 있을 것 같았다. 이제 살았다며 울부짖었다. 역시 살아서 바꾸는 게 맞구나.

물론 아직 바꿔나갈 것투성이다. 새롭게 만들어지는 제도에도 사각지대가 있을 테고 계속 보완하고 수정해나가야 한다. 난 끝까지 물고 뜯을 거다. 아직 보복범죄와 관련된 재판은 시작하지도 않았다. 국가를 향해서도 목소리 높여야 했다. 수사 초기 미흡했던 점을 꼬집고 국가배상을 신청할 것이다. 보상을 바라는 게 아니다. 현 수사 제도의 부실점을 보완하고, 기억을 잃은 피해자들을 위한 수사 매뉴얼을 구축하라고 요구할 계획이다. 아마 나는 가해자와도 범죄와도 떼려야 뗄 수 없는 인생을 살 터였다. 나는 다른 피해자들이 나를 찾지 않아도 되는 세상이 오길 바란다. 그때까지 지지 않고 나설 예정이다. 얼굴 없는 피해자로 말이다.

　세상을 빨리 바꾸는 법이야 나도 안다. 정치를 하거나 중요한 자리에 얼굴을 공개하고 나서서 입장을 표명하는 거다. 하지만 내가 겪은 범죄 사실이 모르는 사람들의 입을 오르락내리락하는 건 유쾌한 일일 수 없다. 나는 나 자신이 제일 소중하다. 나를 지키면서 피해자들을 도울 것이다. 범죄피해자들에 대한 인식 개선과 함께 범죄피해를 당하지 않은 사람도 범죄피해에 어떻게 대처할지 알 수 있도록 매뉴얼을 만들고 싶다. 그래서 대한민국 국민을 위한 사회교육 플랫폼을 만들고 있다. 열심히 사는 국민이 억울한 일을 당하지 않도록 만들 거다. 잘못한 게 없는 범죄피해자들이 숨지 않는 세상을 위해.

난 보복 편지 말고 회복 편지를 보낼래

　모든 재판이 끝나면 난 잊혀질 지도 모른다. 그런 날이 다가오면 가해자는 내게 보복 편지를 보내올 것이다. 나는 언제나처럼 그보다 한발 앞설 준비가 됐다. 다만 보복 편지가 아닌 회복 편지로써.

잘 지내니? 소식은 들었어. 안 듣고 싶어도 재소자들이 계속 알려주더라. 여전히 반성은 안 했겠지만 후회는 했을 것 같네. 이런 피해자는 처음이지? 앞으로 더 많이 생길 거야. 내가 법원을 그렇게 많이 가봐도 너만큼 반성하지 않는 사람은 없었어. '카라큘라'를 명예훼손으로 고소했더라? 범죄자에게도 명예가 있는지 몰랐네. 변명이나 핑계 좀 그만대고 부디 조용히 지냈으면 좋겠어. 20년 후에 출소하면 검찰과 국민건강보험공단에 구상권이나 열심히 갚길 바라. 또 범죄를 저지르거든 내가 찾아갈 거야. 설령 내가 죽더라도 나 같은 피해자들이 널 쫓아다닐 거야. 20년이 지나면 많은 게 바뀌어 있을 거야.「쇼생크 탈출」의 브룩스 같은 결말을 맞지나 않을까 걱정이다. 면회 가서 전하고 싶었지만 다들 말려서 책으로 대신할게. 서운해하진 말고. 난 이 세상에서 네가 살아 있으면 하는 유일한 존재니까. 죽을 때까지 함께하자.

에필로그 리포트

미디어와 싸우다
이유민(KBS 기자)

그렇게 500일이 흘렀다

어떤 사건은 떠도는 공기처럼 세상에 남아 회자된다. 2022년 5월 22일, 30대 남성이 오피스텔 복도에서 20대 여성을 돌려차기로 쓰러트리고 폭행했다. 범행이 담긴 CCTV 영상이 언론에 공개된 뒤, 사람들은 이 사건을 '부산 돌려차기 사건'으로 기억했다. 2023년 9월 21일, 대법원은 가해자에게 징역 20년 형을 확정했다. 끝났지만 끝난 게 아니었다. 사건 발생 이후, 약 500일 동안 여성들은 집에서, 길거리에서, 엘리베이터에서 목숨을 잃거나 잃을 뻔했다. 전 남자친구의 스토킹 끝에 30대 여성이 살해당했고(인천 논현동 스토킹 살인 사건), 엘리베이터에서 20대 여성이 모르는 사람에게 얻어맞았으며(의왕 엘리베이터 폭행 사건), 공원 둘레길에서 30대 여성이 너클에 맞아 숨졌다(신림동 강간 살인 사건).

그때마다 우리는 '부산 돌려차기 사건'을 다시 만났다. 미디어와 정치권은 이 사건을 적극적으로 수면 위로 끌어올렸고 변함없는 현실을 지적했다. 하지만 사건을 가장 적극적으로 화두에 올린 사람은 다름 아닌 피해자였다. 방송국과 국회, 정부 부처, 유튜브를 오가며 모든 창구를 활용해 이 사건을 반복해서 알렸다. 2023년 11월, 나는 '부산 돌려차기 사건' 피해자를 만났다. 더 이상 피해자가 아닌, 피해자들의 조력자이자 작가가 된 김진주를 만나 그날의 이야기를 재조명해야 하는 이유를 물었다.

"가장 색채로운 피해자"

'작가 김진주'.

검은색 빳빳한 명함엔 다섯 글자만 박혀 있다. 그는 자신을 '부산 돌려차기 사건' 피해자이자 작가 김진주라고 소개했다. 명함 뒷면에는 '범죄피해자가 숨지 않는 세상을 위해'라는 문장과 네잎클로버가 있었다. 피해자다움에 갇힌 삶이 아니라 깨트리고 돌파하며 당당하게 살겠다는 의지가 작은 명함 한 장에 영리하게 담겨 있었다.

김진주를 만나기 전 나는 그가 분노를 동력으로 삼았으리라 예단했다. 하지만 직접 만난 김진주는 부정적 상황에도 낙관하고, 이상을 좇으면서도 현실적 대안을 찾는 생동감 넘치는 20대 청년이었다. 그런 김진주가 스스로를 "가장 색채로운 피해자"라고 표현한 대목이 흥미로웠다.

이유민   재판 방청에서 스스로를 "색채로운 피해자"라고 표현한 대목이 인상 깊었습니다. 어떤 의미인가요.

김진주   말 그대로 재판에서 저는 화려했어요. 화장을 진하게 하고 원피스도 입었어요. 평소 가발을 자주 쓰는 편인데, 일부러 튀는 가발을 쓰고 간 적도 있어요. 옷차림만 유난했던 건 아니에요. 법원에서 웃는 피해자가 저뿐이었거든요. 대부분 시무룩하거나 울고 있거나 화를 내거나 심각했어요. 저는 그러고 싶지 않았어요. 주눅 들어야 하는 건 피해자가 아니잖아요.

이유민   국회 법제사법위원회 국정감사 증인으로도 출석했어요. 그때도 가장 색채로운 증인이었을 것 같은데요.

김진주   맞아요. 그날도 얼굴은 공개하지 않았지만요. 가림막 뒤에서 발언했는데, 이튿날 한 기자님이 왜 목소리는 공개하냐고 물어보셨어요. 생각도 못한 지점이었던 것 같아요. 저도 답을 고민하다가 나름대로 생각을 정리할 수 있었는데요. 수많은 피해자가 음성변조로 피해 사실을 알려왔잖아요. 저는 거기서 벗어나고 싶었던 것 같아요. 숨지 않고요. 나는 범죄자가 아니라 피해자니까. 분명한 목소리로 감정을 담아서 내 얘기를 전하고 싶었어요. 다만 아직은 얼굴과 이름을 공개하고 싶지 않아요. 평범한 시민으로 일상을 보내는데 누군가 "부산 돌려차기 피해자죠? 잘 보고 있어요"라고 인사를 건네면 위로받기보단 슬퍼질 것 같아서요. 내가 겪은 일을 통해 메시지를 전하는 것과 남은 인생을 '피해자'라는 정체성으로 살아가는 건 다른 차원의 일이니까요.

2023년 8월, 김진주는 '대한민국 범죄피해자 커뮤니티'를 결성했다. 범죄피해자들이 온·오프라인에서 직접 소통하고 서로 조언할 수 있도록 만든 모임이다. 2024년 2월 기준, 이 커뮤니티 회원은 300명이 넘는다(2025년 4월 기준 660여 명으로 늘었다). 김진주는 지금까지 50여 명의 범죄피해자와 직접 만나 사건 공론화 방안과 향후 대응 등을 논의했다.

이유민 피해자 조력 단체나 성범죄피해자 지원 단체는 김진주님이 활동하기 전에도 있었습니다. 단체 중 하나에 가입해서 활동할 수도 있었을 텐데, 본인이 직접 전면에서 피해자들을 만나겠다고 결심한 계기가 있나요.

김진주 어떤 한 단체에 가입하는 게 싫었고, 활동을 제한하고 싶지 않았어요. 기존 단체들이 성범죄 피해지원에 국한되기도 했고요. 일반 강력범죄피해자가 자기 일을 털어놓을 곳이 생각처럼 많지 않아요. 저는 그런 피해자들에게 공감해줄 수 있는 사람이 되고 싶었어요. "피해자죠? 저도 그렇습니다." 이 말을 하고 싶었고 그럼 성범죄 사건으로 활동을 제한할 필요가 없다고 생각했어요. 저는 모든 범죄피해자를 대표하고 싶지, '성범죄피해자'이고 싶지는 않아요.

"12년 뒤, 저는 죽습니다"

2022년 11월, 김진주는 온라인 커뮤니티 '네이트판'에 '12년 뒤, 저는 죽습니다'라는 제목의 글을 올렸다. 김진주가 '네이트판'에 올린 두 번째 글이자, 1심에서 가해자가 징역 12년을 선고받은 직후였다. 상처 사진 위주였던 첫 번째 글 '제 인생에도 우영우 같은 변호사가 있다면 좋겠어요'는 게시 하루 만에 운영규정 위반으로 삭제됐었다. 두 번째 글에서 마침내 이목을 사로잡았다. 김진주는 자신의 피해를 구체적으로 적었다. "부산 진구 서면에서 전혀 모르는 사람에게 6번 머리를 짓밟히고 사각지대로 끌려간 살인미수 피해자"라고 자신을 소개했으며, 사건 내용부터 수사 과정과 재판 결과를 상세히 적었다.

여섯 차례 발로 머리를 맞았습니다. 다섯 번째 때는 제 손이 축 늘어지며 의식을 잃는 것을 확인할 수 있었습니다. 하지만 범인은 한 번 더 머리를 가격했습니다. 어린 시절 축구선수를 꿈꿨다는 경호업체 직원의 발차기는 엄청난 상해로 이어졌습니다. (…) 저는 약 10킬로그램 체중이 줄었는데, 법정에 올 때마다 몸집이 커가는 범인을 보면 아직도 화가 납니다. 정황 증거와 직접 증거가 넘치는데 범인은 12년 뒤 다시 나옵니다. 고작 40대입니다. 어릴 때부터 범죄를 저질렀던 범인에게 보이는 뻔한 결말에 피해자인 저는 숨통이 턱턱 조여옵니다.

글을 게시하고 약 1년 후, 해당 글의 누적 조회 수는 37만 회를 넘겼다. 김진주의 글을 직접 인용한 기사만 수백 건에 달한다. 이때를 기점으로 '부산 돌려차기 사건'은 많은 이들에게 각인됐고, 미디어가 본격적으로 사건을 다루기 시작했다.

이후 2심 때 사건 당일 피해자가 입었던 청바지에서 가해자의 DNA가 검출되는 등 추가 증거가 드러나며 강간 살인미수로 공소장 내용이 변경됐다. 2심은 가해자에게 징역 20년 형을 선고했고, 대법원은 원심 판결을 확정했다. 김진주는 일련의 과정을 통해 언론과 미디어를 효과적으로 이용하는 법을 배웠다고 한다.

김진주   대법원 판결은 그저 제 목숨을 20년으로 늘리는 성과였어요. 시행착오를 겪었지만 타인도 내 일에 공감할 수 있게끔 사건을 알리는 법을 배웠어요. 사건을 선명하게 전하고 결정적인 증거를 적시에 알리는 게 중요해요. 미디어도 최대한 활용하고요. 이런 노하우를 범죄피해자들에게도 공유하고 있어요. 다만 제 사례를 본 피해자들이 사건 공론화를 쉽게 생각하고, '알리기만 하면 모든 것이 해결된다'는 낙관을 가질까봐 걱정될 때도 있어요. 기자님들도 취재한 사건을 다 보도하는 게 아니잖아요. 나름대로 주제를 잡고 특이 사항을 포착한 뒤에 보도를 결정하잖아요. 하지만 대부분 피해자는 본인의 상처가 가장 크게 느껴지고 고통이 극심하니, 타인도 사건의 심각성에 쉽게 공감하리라고 기대하거든요.

그런 이유로 많은 분이 자세한 사실들을 놓쳐요. 어디서, 누가 자기를 때렸다는 단편적인 정보만 털어놓죠. 그럼 호소력이 떨어져요. 더 세밀하게 자기가 겪은 피해를 알리고 어떻게 사건을 공론화해나갈지 고민해야 해요.

이유민 공감합니다. 언론사로도 보통 하루에만 200~300건의 제보가 접수되거든요. 그중 기자와 연락이 닿아 뉴스로 보도되는 건 한두 건에 그치죠. 저마다 내 사건이 이 세계에서 가장 중차대한 일이라 믿지만, 대부분 우리가 이미 봤거나 들어본 일이에요. 제한된 시간 안에 오늘 벌어진 새로운 사건을 전해야 하는 뉴스 특성상, 그런 일들은 묻히기 쉬워요. 비슷한 사건이라도 특이한 점이 없는지, 다른 시각에서 해석할 여지는 없는지 파고들게 되고요.

김진주 지난 7월 경기도 구리에서 스물다섯 살 남성이 스무 살의 여자친구를 4박 5일간 오피스텔에 감금하고 때리고 강간한 사건이 있었어요. 사건 피해자와 계속 소통을 해왔는데요. 수많은 교제 폭력 사건 혹은 보복 폭행 사건 중 하나로 분류될 수도 있었는데, 피해자와 대화하다가 가해자가 피해자의 머리를 이발기로 밀어버렸다는 걸 알게 된 거죠. 머리를 다 밀었다니, 평범한 일이 아니잖아요. 그래서 그 내용을 강조해서 사건을 공론화해보자고 조언했어요. 사건은 그렇게 '바리깡 폭행남 사건'으로 알려지며 주목받았죠.

피해자들은 제가 공론화까지 수없이 제보해야 했다는 걸 몰라요. 언론에 제보하고, 사건을 공론화했기에 징역 12년 형을 20년 형으로 바꿨다고만 알고 있죠. 근데 뜯어보면 단순하지 않거든요. 묻지마 폭행으로 알려진 일을 '부산 돌려차기 사건'으로 재정의했고, 재판 과정에서 증거를 확보해 공소 사실을 변경했어요. 모든 과정마다 쉽지 않았어요. 일단 공론화를 마음먹은 피해자들은 이 점에 주목해야 해요. 언론에 제보하는 건 시작일 뿐, 결과를 보장해주지 않는다는 걸 알아주셨으면 해요.

이유민 공론화 의지만 앞서면 사건의 본질과 세부 사항을 놓칠 수 있다는 것으로 이해하겠습니다. 다만 직접 겪지 않고는 김진주님이 깨달은 바를 이해하기 어려울 수 있을 것 같아요.

김진주 올해 부산에서 보복살인미수 사건이 발생했는데요. 직장에서 발생한 사건이었고 가해자가 피해자 머리를 스패너로 때린 뒤 칼로 찔렀어요. 피해자는 이 일로 간의 일부가 떨어졌고요. 피해자는 사건 공론화를 원했어요. 저는 CCTV 영상 속 폭행 장면이 가장 중요하다고 판단했고, 직장 내에서 벌어진 일이었던 만큼 마음먹으면 영상을 확보할 수 있다고 생각했어요. 하지만 피해자는 주저했고 재판 때까지 자료 확보를 미뤘어요. 그사이 PTSD가 더 심해지고, 동력도 떨어지면서 결국 공론화까지 가지 못했어요.

피해자를 탓하는 게 아니라요. 두렵고 지치는 마음을 누구보다 잘 알지만 적절한 시기에 적절한 대응을 놓치면, 기껏 다짐한 일이 흐지부지되는 게 안타까울 뿐이에요. 공론화는 결코 쉽지 않다는 걸 알고 싸움을 시작해야 해요.

반복, 반복, 또 반복……

수사와 재판이 끝났다고 피해자의 고통도 끝나는 건 아니다. 가해자의 보복 협박과 지속되는 2차 가해. 그중에서도 가장 잔인한 건, 조금도 바뀌지 않은 현실을 마주하는 일이다.

2023년 7월 5일, 경기 의왕시의 한 복도식 아파트 엘리베이터에서 스물세 살 남성이 20대 여성을 주먹으로 때린 뒤 성폭행을 시도했다. 남성은 재판 과정에서 "군대를 안 가는 여자에 대한 불만이 있었다"라고 말했다. 같은 해 8월 3일, 경기 성남시 분당구 AK플라자 앞에서 스물두 살 최원종이 보행자들을 차로

들이받은 뒤, 차에서 내려 시민들에게 흉기를 휘둘러 14명이 죽거나 다쳤다. 같은 달 17일, 서른 살 최윤종은 서울 신림동의 한 등산로에서 30대 여성을 금속 너클로 때린 뒤 성폭행을 시도하고 목을 졸랐다. 심정지 상태로 병원에 옮겨진 피해자는 이틀 뒤 숨졌다. 최윤종은 '부산 돌려차기 사건'을 보고 범행을 계획했다고 검찰에 진술했다.

모두 '부산 돌려차기 사건'이 벌어진 2022년 5월 이후 발생한 이상동기 범죄 사건이다.

이유민   유독 이상동기 범죄가 많았던 한 해를 거치며, 여러 생각이 들었을 것 같아요.

김진주   변하지 않는 현실이 답답하고, 절망스럽기도 했어요. 한편으론 그래서 내가 더 당당히 말해야겠다고도 생각했고요. 저도 처음에는 이상동기 범죄를 당했다는 얘기를 숨겼어요. 다른 사람들이 어떻게 판단할지 두려웠거든요. 그러다 내가 잘못한 게 아니라는 걸 증명해야겠다는 생각이 들기 시작했어요. 이상동기 범죄에 대해 공부한 것도 그때쯤이에요. '묻지 마 범죄'라는 용어가 틀린 표현이라는 것을 알았죠. 제가 공부할 때만 해도 이상동기 범죄라는 표현을 언론에서조차 거의 쓰지 않았는데 이후에는 꽤 통용되는 것 같아요. 저 역시 말할 기회가 있을 때마다 이상동기 범죄가 맞는 표현이라는 점을 강조하고 있어요.

이유민   앞서 언급한 이상동기 범죄 사건들이 발생할 때마다, '부산 돌려차기 사건'이 함께 언급되었습니다. 피해자로서 그 사건이 죽지 않고 재차 살아난다는 느낌을 받았을 것 같아요.

김진주   거의 모든 언론이 '부산 돌려차기 사건'을 같이 언급하더라고요. 사람들의 이해를 돕기 위해 활용한 거라면 사실 큰 상관은 없어요. 다만 제 사건보다 더 심각하고 중히 다뤄져야 할 사건이 한데 같이 소비되는 게 우려스러웠죠.
최윤종 사건을 처음 기사로 봤을 때, 모방범죄라는 걸 직감적으로 알았어요. 실제로 최윤종이 '부산 돌려차기 사건'을 검색하고 미리 계획했다고도 말했어요. 피해자 사망 이후, 수사와 재판이 진행되는 과정을 보면서 저는 이 사건이 '제2의 돌려차기 사건'으로 불리는 게 안타까웠어요. 모든 피해는 저마다의 이야기가 있고, 상처도 각기 달라요. 최윤종 사건도 범죄 양상이 제 사건과 비슷하긴 했지만, 자세히 따져보면 달라요. 이 사건이 제 사건과 같이 언급되기 시작하면서, 사건을 해석할 여지가 자꾸 좁아진다는 생각을 지울 수 없었어요. 이런 사건이 왜 계속 발생하는지, 어떻게 해야 피해를 줄일 수 있는지가 아니라, 단지 돌려차기 후속편 정도로 사건을 조명하면 본질이 잊히니까요.

이유민   그런데 모든 피해자와 유족들이 김진주님처럼 전면에서 본인이 겪은 일을 상세히 공유하진 않습니다. 피해자가 동의하지 않으면 언론도 보도하는 데 한계가 있죠. 그래서인지 피해자가 목소리를 선명하게 냈던 '부산 돌려차기 사건'이 계속 함께 다뤄졌던 것 같아요.

김진주 이해해요. 그래서 재차 말하지만 공론화라는 건 정말 쉬운 일이 아니에요. 제가 피해자들에게 숨지 말고 함께 싸우자고 말하는 것도 같은 이유에서예요. 아직은 동참하는 피해자가 많지 않지만, 피해자가 걱정 없이 자신의 피해 사실을 당당하게 말할 수 있는 사회가 될 수 있게 사회적 안전장치를 더 견고하게 마련해야 할 것 같아요.

여성을 상대로 한 보복살인과 스토킹도 반복되고 있다. 2022년 9월 14일, 서울 지하철 2호선 신당역 여자 화장실에서 서른한 살 전주환이 서울교통공사 입사 동기인 스물여덟 살 여성을 살해했다. 사건 당일은 전주환이 피해자를 불법 촬영하고 스토킹한 혐의로 1심 선고를 받기 하루 전이었다. 다음 해 7월 17일, 인천시 남동구의 한 아파트 복도에서 서른 살 설모씨가 옛 연인이었던 서른일곱 살 이모씨를 흉기로 살해했다. 당시 사건 현장에 있었던 피해자의 모친도 가해자가 휘두른 흉기에 양손을 크게 다쳤다. 설씨는 범행 당시, 피해자를 넉 달 넘게 스토킹한 혐의로 경찰 수사를 받고 있는 상태였다. 김진주는 이 가운데 피해자의 유족을 직·간접적으로 돕고 있다.

김진주 '인천 스토킹 살인 사건' 피해자의 사촌 언니와 소통해왔어요. 이후 이 사건 공론화 계기가 된 글을 쓰는 걸 도왔죠. 제목은 '스토킹에 시달리다가 내 동생이 죽었습니다'였어요. 제가 '네이트판'에 글을 여러 번 써본 게 도움이 됐어요.

당시 강조했던 건 가해자를 말리던 어머니가 다쳤다는 점이었어요. 딸의 죽음을 직접 목격한 당사자인 엄마가 매일 자신의 다친 손을 바라보며 범행을 떠올려야 한다는 것. 그 마음이 얼마나 참담할지 누구나 어렵지 않게 헤아릴 수 있을 거예요. 유족의 동의를 받아 게시물에 어머님의 상처 사진을 올렸고, 역시나 많은 분이 공분해주셨어요.

이 사건은 제도적으로도 구멍이 있었다. 피해자는 7월 13일 경찰에 스마트워치를 반납했다. 한 달간 설씨를 마주친 적이 없으니 스마트워치를 반납해야 한다는 것이었다. 나흘 뒤 피해자는 설씨가 휘두른 흉기에 숨졌다. 스마트워치 수량이 부족해 일정 기간이 끝나면 반납해야만 하는 현실, 스토킹 범죄피해 대비 예산이 턱없이 부족한 현실이 함께 조명됐다.

나를 마음껏 이용하세요

세상은 느리지만 조금씩 변화하고 있다. 사회 곳곳에 나 있는 균열을 일순간 메꿀 순 없지만, 분명히 메꿔지고 있다는 믿음. 김진주에겐 그런 낙관이 깔려 있다.

이유민　지난 500일 중 가장 기억하고 싶은 성과가 있나요.

김진주　2024년 여름에 출범하는 '범죄피해자 원스톱 솔루션센터'를 꼽고 싶어요. 산발적으로 흩어져 있는 피해자 지원 서비스를 한데 모은 제도예요. 법무부 장관님께 메일과 통화로 재차 강조했던 내용이기도 하고요. 내년 7월부터 모든 범죄피해자의 신변 보호와 심리 치유 과정을 원스톱 센터에서 통합 지원받을 수 있다더라고요. 정말 간절히 바라던 거예요.

법무부 장관님은 저를 정말 열심히, 잘 이용하는 사람이에요. 부정적인 의미가 아니에요. 더 이용해줬으면 좋겠어요. 제 사건과 상처를 통해 법과 제도가 바뀌는 게 제 소망이었으니까요. 장관님은 저와 통화하기 전에 '부산 돌려차기 사건 피해자를 어떻게 구제할까'를 논의하려고 했다는데, 저는 논의 방향을 바꿨어요. '부산 돌려차기 사건 피해자 구제'에서 '수많은 범죄피해자 구제'로요. 장관님은 제도의 미흡함을 인정하고 사과했죠.

하지만 아직 갈 길이 멀어요. 피해자가 직접 범죄 내용을 알아보러 뛰어다니는 일이 없어야 해요. 사건 기록 열람 등사권이 시급히 보장돼야 하고요. 또 스토킹 가해자가 가까이 오면 알람이 울리는 양방향 스마트워치도 일선 현장에 보급돼야 해요. 스토킹 피해자 전담 경찰관 예산도 확충돼야 하고요. 장관이든 누구든 나서서 제도의 허점을 메워주길 바랄 뿐이에요.

김진주의 본업은 프리랜서 디자이너다. 비교적 시공간에 구애받지 않는 직업이지만, 여러 지역을 오가며 범죄피해자를 만나고 재판을 챙기려면 시간을 쪼개고 또 쪼개야 한다. 게다가 정부 관계자나 정치인들을 만나 정책 방향을 제언하고, 틈틈이 언론 인터뷰까지 소화해야 한다. 그 어느 때보다 꽉 차 있는 일상을 비집고 침범하는 검은 유혹이 있다고, 김진주는 말했다.

이유민 '이용해도 좋다'는 말이 인상적이지만 우려스럽기도 한데요. 정치권에서 김진주님의 의도와 무관하게, 김진주님의 존재를 '자기 정치'에 소모적으로 활용하려는 시도는 없을까요.

김진주 그런 시도가 분명히 있었죠. 저도 그런 목적이 노골적으로 드러나면 분명하게 잘라내고 있어요. 모 사단법인에서 함께 활동하자고 제안한 적이 있어요. 구색만 갖춘 단체였고, 다른 활동으로 너무 바빠서 제가 원하는 활동을 할 수도 없는 상황이었어요. 그런데 제대로 출범도 하기 전에 '부산 돌려차기'를 운운하는 기사부터 나오더라고요. 바로 기사 내려달라고 요청했어요. 정치를 해보라는 제안도 있었고 국회 보좌진으로 들어오라고 권유하는 사람도 있었어요. 단호하게 거절했어요. 내가 정치권에 속하지 않은 일반인이라서 어떤 편견 없이 목소리 낼 수 있다고 생각해요. 덮어놓고 거액의 후원금을 준다는 사람도 있었는데, 무작정 계좌번호 부르라는 식이었죠. 이런 지나친 호의는 스스로 경계하고 있어요. 재정적으로 누군가에게 기대면 잘되던 일도 그르칠 수 있잖아요. 나도 모르게 후원자를 재고 따지고, '돈 되는 일'로 장사를 하려는 마음이 생기진 않을까 우려도 있고요. 최대한 본업을 하면서 현재 계획 중인 일들을 추진해보려고 해요.

범죄피해자들을 위한, 손에 잡히는 대안을 제시하는 게 김진주의 새 목표다. 현재 김진주는 '매너스'라는 이름의 범죄피해자 온라인 교육 플랫폼을 준비하고 있다. 강력범죄를 당했을 때의 대처법과 피해자들에게 필요한 법률 상식, 피해자 지원 제도 등을 알려주는 가이드라인 제작을 계획 중이다.

내일 죽어도, 같이 싸울래요

2022년 5월 22일, '부산 돌려차기 사건' 피해자는 죽었다. 그리고 김진주로 다시 태어났다.

사람들은 다시 살아나 걷고, 먹고, 말하는 김진주를 보며 기적이라고 말한다. 스스로를 기적으로 받아들인 김진주는 이제 그날 이전의 자신과 완전히 다른 사람이 됐다.

이유민   2022년 5월 22일 이후 완전히 다른 삶을 살고 계십니다. 과거에 프리랜서 디자이너로서 살아왔다면, 지금은 작가이자 피해자 구제 활동가로, 범죄피해자 모임 대표로 지내고 계세요. 그날 이후 삶에 가장 큰 변화는 뭘까요.

김진주   타인을 위한 삶을 살고 있다는 거죠. 이전에는 뚜렷한 목적 없이, 무언가에 쫓기듯 살아왔다면 지금은 누군가를 돕겠다는 생각으로 살아요. 그게 곧 나를 위한 일이기도 하고요. 내일 죽을지도 모른다는 사실을 알고부터 삶이 달라졌어요. 죽음에 대해 생각해볼 계기가 많지 않잖아요. 하지만 저는 죽음 문턱까지 다녀와봤으니까요. 1분 1초가 아까워요. 누군가를 위해 싸워야 한다는 생각이 들어요. '부산 돌려차기 사건' 피해자여서, 죽었다 살아난 당사자여서, 같은 피해가 여전히 반복 중이어서, 저는 그 싸움을 이어 나갈 당위가 있어요. 저는 피해자로서 끝까지 사회와 계속 싸울 겁니다.

에필로그

길고 외로운 싸움이었다. 사건은 강간 살인미수로 끝났고 진실은 끝내 밝히지 못했다. 피해자가 DNA 검사를 추가 요청해서 죄목을 바꾸게 된 것도, 재소자들의 제보로 보복범죄를 알게 된 것도 드문 일이다. 1년을 들여 사건을 공론화했다. 공론화는 시간만 들인다고 되는 일이 아니다. 얻는 것보다 잃는 게 많다. 사건 장소가 남자친구 집 앞이고 교보문고 근처여서 지금도 가끔 지나간다. "여기 지나가면 돌려차기당한다" "여기가 거기다"라며 시시덕대는 사람들도 봤다. 쓰지만 삼켜야 했다.

1년 4개월 동안 나는 양면을 봐야 했다. 언론의 관심을 받기 전과 후, 피해자 위주의 재판이 있기 전과 후. 그 차이를 여실히 깨달았다. 많은 멋진 활동가가 있지만, 나처럼 별의별 문제를 겪은 피해자는 없었을 것이다. 하지만 이마저도 좋다. 많은 피해자를 도울 발판이 되지 않았는가.

이 책을 읽고 피해자들을 돕고 싶어졌다면 '범죄피해자 스마일 공익신탁' 기부를 권하고 싶다. 꼭 통장을 개설해보길 바란다. 책을 마무리할 즈음 많은 게 바뀌었다. '대구 돌려차기 사건'에서는 검찰의 구형에 20년이 더해진 50년 형을 선고할 만큼, 너그러운 양형 기준에 대한 틀이 바뀌고 있다. 그리고 양방향 프로그램, 원스톱 솔루션센터가 개설됐을 뿐만 아니라 특정강력범죄피해자는 국선변호사를 선임할 수 있으며 피해자가 자유롭게 재판 기록을 열람할 수 있게 된다고 한다. 머그숏과 신상 공개 기준도 확대되었고 포털도 연계될 예정이라고 한다. 나로 인해 이 모든 게 바뀌었다고 생각하지 않는다. 오랜 시간 목소리 낸 사람들 덕에 제도가 바뀔 수 있었다. 나는 속도를 더했을 뿐이다.

「악인취재기」를 촬영할 때 JTBC 이호진 기자님께 유언장을 부쳤다. 내가 만약 보복범죄를 당하면 그때 공개해달라고 부탁했다. 나는 그 유언장이 영원히 공개되지 않길 바란다. 사건 직후까지만 하더라도 내 미래를 생각하지 않았다. 나는 누구보다 즉흥적이었고 흘러가는 대로 살았다. 현실에 순응하거나 평범하게 사는 게 싫었다. 하지만 점차 평범함을 수긍하던 차였다. 막상 이런 일을 겪고 나니 다신 평범해질 수 없을 것만 같고, 이제는 질투가 날 만큼 평범함이 부럽다. 만약 당신이 평범하다고 느낀다면 그 또한 좋은 일이라고 부디 얘기해주고 싶다. 나는

20년 뒤에 죽을지 모른다. 보통은 자신의 남은 수명을 정말 연약해졌을 때 듣게 된다. 그런데 나는 몸도 멀쩡하고 정신은 점점 더 튼튼해지고 있다. 건강히 살다가 20년 뒤에 죽는다니 얼마나 축복인가. 이렇게 생각하자 제법 살 만해졌다. 하지만 피해자분들만큼은 나를 불쌍히 여겼으면 한다. 그래서 본인들은 그나마 괜찮은 인생을 산다고 잠깐이라도 위로받았으면 좋겠다.

감사한 분들 덕분에 여태껏 버텼다. 운이 좋았다. 얼굴 없는 피해자이기에 밝힐 수 없는 귀인들도 있다. 이 자리를 빌려 감사를 전한다. 언제 피해자가 될지 모르는 세상이다. 내 지인들도 자기가 '부산 돌려차기 사건'의 피해자랑 아는 사이라고 말하면 다들 화들짝 놀란다고 한다. 우리 사회엔 보이지 않는 범죄피해자가 만연하다. 범죄피해자가 숨지 않는 사회가 되었으면 좋겠다. 사건이 주목받을 때가 아니어도 꾸준히 범죄피해자들에게 따뜻한 관심을 보내주면 좋겠다. 이 책을 다시 들여다보며 제도가 어떻게 바뀌어가는지도 지켜봐주시길 바란다. 작가 김진주의 행보에도 많은 관심을 가져주시라. 무수한 범죄로 걱정이 많은 분들께 끝으로 인사를 전한다.

세상에는 좋은 사람도 많다.

싸울게요, 안 죽었으니까

초판인쇄 2025년 6월 19일
초판발행 2025년 6월 30일

지은이 김진주
펴낸이 강성민
편집장 이은혜
마케팅 정민호 박치우 한민아 이민경 박진희 황승현 김경언
브랜딩 함유지 박민재 이송이 김희숙 박다솔 조다현 김하연 이준희
제작 강신은 김동욱 이순호

펴낸곳 ㈜글항아리 | **출판등록** 2009년 1월 19일 제406-2009-000002호

주소 경기도 파주시 문발로 214-12, 4층
전자우편 bookpot@hanmail.net
전화번호 031-955-8869(마케팅) 031-941-5161(편집부)

ISBN 979-11-6909-408-5 (03300)

잘못된 책은 구입하신 서점에서 교환해드립니다.
기타 교환 문의 031-955-2661, 3580

www.geulhangari.com